DIETER WILKE

Die Verwirkung der Pressefreiheit und das strafrechtliche Berufsverbot

Berliner Abhandlungen zum Presserecht

herausgegeben von
Karl August Bettermann, Ernst E. Hirsch und Peter Lerche

Heft 3

Die Verwirkung der Pressefreiheit und das strafrechtliche Berufsverbot

Zugleich ein Beitrag zur Rechtsnatur und zu den Grenzen der Grundrechte

Von

Dr. Dieter Wilke

DUNCKER & HUMBLOT / BERLIN

Auf Vorschlag der Professoren Dr. Karl August Bettermann
und Dr. Hermann Blei als Dissertation von der
Juristischen Fakultät der Freien Universität Berlin angenommen

Alle Rechte vorbehalten
© 1964 Duncker & Humblot, Berlin
Gedruckt 1964 bei Frankfurter Societäts-Druckerei GmbH, Frankfurt/Main
Printed in Germany

Inhalt

§ 1: Einleitung 13

Erstes Kapitel

Die Verwirkung der Pressefreiheit nach Art. 18 GG, § 39 BVerfGG

Erster Abschnitt

Der Tatbestand des Art. 18 S. 1 GG 15

§ 2: Der Grundrechtsgebrauch 16
    I. Der Gebrauch von Rechten 16
    II. Die Rechtsnatur der Grundrechte 16
    III. Der Grundrechtsgebrauch 19
        1. Die Grundrechte als Abwehrrechte 19
        2. Die Grundrechte als Darfrechte 20
        3. Der Bruch im Tatbestand des Art. 18 S. 1 GG 22

§ 3: Der Mißbrauch der Pressefreiheit zum Kampfe gegen die freiheitliche demokratische Grundordnung 25
    I. Die Kampfhandlung 25
        1. Der Grundrechtsmißbrauch 25
        2. Die einzelnen Merkmale des Grundrechtsmißbrauchs . . 27
    II. Das Kampfziel 29
        1. Die freiheitliche demokratische Grundordnung im Grundgesetz 29
        2. Der Begriff der freiheitlichen demokratischen Grundordnung in Art. 18 GG 29
        3. Ihre Bestandteile 30
            A. Die Grundrechte 30
            B. Art. 20, 21 GG 31
            C. Art. 28 GG 31
            D. Art. 79 III GG 32
            E. Das Bundesstaatsprinzip? 32
            F. Das republikanische Prinzip? 33

4. Die Definition des Bundesverfassungsgerichts 33
5. Freiheitliche demokratische Grundordnung und Strafrecht 34
6. Beseitigung und Beeinträchtigung der freiheitlichen demokratischen Grundordnung 34
7. Die freiheitliche demokratische Grundordnung und der Bestand der Bundesrepublik 35
8. Die freiheitliche demokratische Grundordnung des Bundes und der Länder 35

III. Das Verhältnis des Art. 18 GG zu Art. 79 III GG 36

Zweiter Abschnitt

Die Rechtsfolge des Grundrechtsmißbrauchs 38

§ 4: Die Verwirkung im allgemeinen 38
    I. Sprachliche Bedeutung 38
    II. Verwendung in der Rechtssprache 39
    III. Rechtliche Bedeutung der Verwirkung 41

§ 5: Die Verwirkung von Grundrechten, insbesondere der Pressefreiheit 44
    I. Allgemeine Verwirkung und Grundrechtsverwirkung . . . 44
    II. Der Rechtsverlust des Grundrechtsträgers und seine Folgen 46
        1. Der Grundrechtsverlust 46
            A. Wortinterpretation 46
            B. Historische Interpretation 46
                a) Die deutschen Nachkriegsverfassungen 46
                    aa) Hessen 47
                    bb) Die Länder der Sowjetischen Besatzungszone . 49
                    cc) Rheinland-Pfalz 50
                    dd) Baden 50
                    ee) Saarland 54
                    ff) Berlin 54
                    gg) Ergebnis 54
                b) Entstehungsgeschichte des Grundgesetzes 56
        2. Die Folgen des Grundrechtsverlusts 57
    III. Der Rechtszuwachs des Staates 62
        1. Bei Feststellung der Grundrechtsverwirkung nach Art. 18 S. 2 GG, § 39 I S. 1 BVerfGG 62
            A. Der Rechtszuwachs der Exekutive 62
            B. Der Rechtszuwachs der Judikative 67
            C. Der Rechtszuwachs der Legislative 68
            D. Ergebnis 69
        2. Bei Verhängung von Beschränkungen nach § 39 I S. 3 BVerfGG 69

Zweites Kapitel

Das strafrechtliche Berufsverbot des § 42 1 StGB

Erster Abschnitt

Die Geltung des strafrechtlichen Berufsverbots für Presseangehörige nach einfachem Gesetzesrecht 76

§ 6: § 42 1 StGB als Norm des Presserechts 76

§ 7: Die Zulässigkeit des presserechtlichen Berufsverbots bei Erlaß des Gewohnheitsverbrechergesetzes 78
    I. Die Geltung des Reichspressegesetzes im Jahre 1933 78
    II. Die Schutzvorschriften des Reichspressegesetzes 79
        1. § 1 Reichspressegesetz 80
        2. § 4 Reichspressegesetz 81

§ 8: Die Weitergeltung des strafrechtlichen Berufsverbots für Presseangehörige 87

Zweiter Abschnitt

Die Norm des § 42 1 StGB 90

§ 9: § 42 1 StGB im allgemeinen 90
    I. Der Tatbestand 90
        1. Die Verurteilung 90
            A. Mißbrauch 90
            B. Grobe Pflichtverletzung 91
        2. Erforderlichkeit des Berufsverbots 91
    II. Die Rechtsfolge 92

§ 10: § 42 1 StGB bei Anwendung auf Presseangehörige 92
    I. Keine Übertretungen 92
    II. Die von § 42 1 StGB erfaßten Pressedelikte 93
    III. Mißbrauch des Berufs und Verletzung von Berufspflichten 95

Drittes Kapitel

Das Verhältnis der Verwirkungsnormen zu § 42 1 StGB

Erster Abschnitt

Die Kongruenz der Normen 96

§ 11: Der gesetzestechnische Aufbau der Normen 96

§ 12: Das Verhältnis der Normen insgesamt 98

§ 13: Das Verhältnis der Normen im einzelnen 100
    I. Das Verhältnis der Tatbestände 100
    II. Das Verhältnis der Rechtsfolgen 102

Zweiter Abschnitt

Die Konkurrenz der Normen 102

§ 14: Die Rechtsprechung des Bundesverfassungsgerichts zur Sperrwirkung des Art. 18 GG 102
    I. Die Nordrhein-Westfalen-Entscheidung 102
    II. Die BEG-Entscheidung 104

§ 15: Kritische Beurteilung der Rechtsprechung des Bundesverfassungsgerichts 105

§ 16: Die Sperrwirkung des Art. 18 GG 106
    I. Das Verhältnis der Verwirkungsvorschriften zu § 4 des nordrhein-westfälischen Pressegesetzes 106
    II. Das Entscheidungsmonopol des Bundesverfassungsgerichts . 107
        1. Inhalt und Begründung des Entscheidungsmonopols . . . 107
        2. Der Umfang der Sperrwirkung 108
            A. Verwirkung und verwirkungsgleicher Eingriff 108
            B. Begrenzung der Sperrwirkung auf präventive Normen? 110
            C. Begrenzung der Sperrwirkung durch die in Art. 18 S. 1 GG genannten Grundrechte? 111
            D. Sperrwirkung und Effektivität des Staatsschutzes . . 113
                a) Sperrwirkung und Polizei 113
                b) Sperrwirkung und einfacher Gesetzgeber 114
        3. Präzisierung der Sperrwirkung 115
        4. Die Ansicht Willms' 115

§ 17: Die Sperrwirkung des Art. 18 GG auf das Strafrecht 118
    I. Die Entwicklung des Problems 118
    II. Die Beschränkung der Sperrwirkung auf Teile des politischen Strafrechts 118
    III. Die Sperrwirkung im politischen Strafrecht 120
        1. Die von der Sperrwirkung betroffenen (Presse-)Vorschriften 120
        2. Nichtigkeit dieser Vorschriften? 121
        3. Art. 143 GG a. F. 122
        4. Nichtigkeit oder Suspension? 123

Literaturverzeichnis 129

Abkürzungsverzeichnis

A.	Auflage
a. A.	anderer Ansicht
a. a. O.	am angegebenen Ort
ABl.	Amtsblatt
Abs.	Absatz
Abt.	Abteilung
AcP	Archiv für die civilistische Praxis
a. F.	alte(r) Fassung
Anm.	Anmerkung
AöR	Archiv für öffentliches Recht
ArchPR	Archiv für Presserecht (Beilage zum „Zeitungsverlag und Zeitschriftenverlag")
Art.	Artikel
AS	Amtliche Sammlung
bad.	badisch
bay.	bayerisch
BayObLG	Bayerisches Oberstes Landesgericht
BayVBl	Bayerische Verwaltungsblätter
bawü.	baden-württembergisch
BBG	Bundesbeamtengesetz
Bd.	Band
BEG	Bundesentschädigungsgesetz
betr.	betreffend
BGB	Bürgerliches Gesetzbuch
BGBl.	Bundesgesetzblatt
BGH	Bundesgerichtshof
BGHSt	Entscheidungen des Bundesgerichtshofs in Strafsachen
BGHZ	Entscheidungen des Bundesgerichtshofs in Zivilsachen
BRAO	Bundesrechtsanwaltsordnung
brem.	bremisch
BRRG	Bundesbeamtenrechtsrahmengesetz
BT-DrS.	Bundestagsdrucksache
BVerfG	Bundesverfassungsgericht
BVerfGE	Entscheidungen des Bundesverfassungsgerichts
BVerfGG	Gesetz über das Bundesverfassungsgericht
BVerwG	Bundesverwaltungsgericht
BVerwGE	Entscheidungen des Bundesverwaltungsgerichts
bzw.	beziehungsweise
CCC	Constitutio Criminalis Carolina
DGO	Deutsche Gemeindeordnung
d. h.	das heißt
Diss.	Dissertation
DJ	Deutsche Justiz
DJT	Deutscher Juristentag
DJZ	Deutsche Juristenzeitung
DÖD	Der öffentliche Dienst

DÖV	Die öffentliche Verwaltung
DR	Deutsches Recht
DRiG	Deutsches Richtergesetz
DRiZ	Deutsche Richterzeitung
DVBl	Deutsches Verwaltungsblatt
DVO	Durchführungsverordnung
E	Entscheidung
EheG	Ehegesetz
Erl.	Erläuterung
f.	folgend(e)
FamRZ	Ehe und Familie
ff.	folgende
GA	Goltdammers Archiv für Strafrecht
GBl.	Gesetzblatt
GewO	Gewerbeordnung
GG	Grundgesetz
GS	Der Gerichtssaal
GS.	Gesetzessammlung
GVBl.	Gesetz- und Verordnungsblatt
GVG	Gerichtsverfassungsgesetz
hamb.	hamburgisch
HChE	Entwurf des Verfassungskonvents auf Herrenchiemsee
HdbchDStR	Handbuch des deutschen Staatsrechts
hess.	hessisch
hrsg.	herausgegeben
HuSt.	Hochverrat und Staatsgefährdung
i. d. F.	in der Fassung
i. V.	in Verbindung
JöR	Jahrbuch des öffentlichen Rechts
JW	Juristische Wochenschrift
JZ	Juristenzeitung
KG	Kammergericht
KPD	Kommunistische Partei Deutschlands
LG	Landgericht
LM	Lindenmaier-Möhring, Nachschlagewerk des Bundesgerichtshofs
LS	Leitsatz
m.	mit
MDR	Monatsschrift für deutsches Recht
NF	Neue Folge
NJW	Neue Juristische Wochenschrift
Nr.	Nummer
nrw.	nordrhein-westfälisch
o.	oder
o. ä.	oder ähnliches
o. J.	ohne Jahr
OLG	Oberlandesgericht
OVG	Oberverwaltungsgericht
PG	Pressegesetz
pr.	preußisch
RdA	Recht der Arbeit
Rdnr.	Randnummer
RFH	Reichsfinanzhof
RGBl.	Reichsgesetzblatt
RGSt	Entscheidungen des Reichsgerichts in Strafsachen

RGZ	Entscheidungen des Reichsgerichts in Zivilsachen
rhpf.	rheinland-pfälzisch
RiA	Recht im Amt
RPG	Reichspressegesetz
RStGB	Reichsstrafgesetzbuch
RuPrVBl	Reichs- und preußisches Verwaltungsblatt
s.	siehe
S.	Satz oder Seite
saarl.	saarländisch
SaBl.	Sammelblatt
sog.	sogenannt
Sp.	Spalte
SRP	Sozialistische Reichspartei
StGB	Strafgesetzbuch
StPO	Straßprozeßordnung
u. a.	und andere
u. ö.	und öfter
usw.	und so weiter
v.	von
VA	Verwaltungsarchiv
Verf.	Verfassung
VersG	Versammlungsgesetz
VerwRspr	Verwaltungsrechtsprechung in Deutschland
VGH	Verwaltungsgerichtshof
vgl.	vergleiche
VO	Verordnung
Vorb.	Vorbemerkung
VVDStRL	Veröffentlichungen der Vereinigung deutscher Staatsrechtslehrer
VwGO	Verwaltungsgerichtsordnung
WRV	Weimarer Reichsverfassung
ZAkDR	Zeitschrift der Akademie für deutsches Recht
z. B.	zum Beispiel
ZBR	Zeitschrift für Beamtenrecht
ZgesStW	Zeitschrift für die gesamte Staatswissenschaft
ZStrW	Zeitschrift für die gesamte Strafrechtswissenschaft
zust.	zustimmend
ZVZV	Der Zeitungsverlag und Zeitschriftenverlag

§ 1: Einleitung

Die vorliegende Arbeit beschäftigt sich mit der Zulässigkeit des Berufsverbots gegen Presseangehörige nach § 42 l StGB und untersucht dabei vor allem dessen Verhältnis zu Art. 18 GG und dem ihn ergänzenden § 39 BVerfGG. Dagegen wird nicht die Zulässigkeit eines auf § 24 I 1, 2 Nr. 2 StGB gestützten Berufsverbots erörtert. Nach dieser Vorschrift ist das Strafgericht befugt, dem Verurteilten für die Dauer der Bewährungszeit im Wege der Auflage Weisungen zu erteilen, die sich unter anderem auf Ausbildung und Arbeit beziehen können. Es ist nämlich durchaus umstritten, ob § 24 StGB — abgesehen von etwaigen verfassungsrechtlichen Bedenken[1] — überhaupt eine taugliche Rechtsgrundlage für ein Berufsverbot abgibt[2] oder ob er nicht vielmehr nur eine Ermächtigung zur Regelung der Berufsausübung enthält[3].

Schon bei flüchtiger Betrachtung zeigt sich, daß die Zulässigkeit des strafrechtlichen Berufsverbots angesichts der Verwirkungsvorschriften der Art. 18 GG, § 39 BVerfGG nicht unproblematisch ist. Dies wird an folgendem Beispiel deutlich:

Ein Redakteur tritt ständig für die Abschaffung des Grundsatzes der Volkssouveränität und die Einführung eines totalitären Führerstaates ein, in dem „der einzelne nichts, sein Volk alles" sei. Daraufhin wird gegen ihn ein Strafverfahren wegen Herstellung verfassungsverräterischer Publikationen (§ 93 I Nr. 1 StGB) eingeleitet. Die nach § 74a I 1 GVG für dieses Delikt zuständige Sonderstrafkammer des Landgerichts verurteilt den Redakteur zu sechs Monaten Gefängnis und verbietet ihm zugleich nach § 42 l StGB für ein Jahr jede weitere Betätigung in der Presse.

Unabhängig vom Strafprozeß kommt es wegen desselben Sachverhalts zu einem Grundrechtsverwirkungsverfahren nach Art. 18 GG, §§ 13 Nr. 1, 36 ff. BVerfGG vor dem Bundesverfassungsgericht. Dieses verhängt ebenfalls ein Berufsverbot[4], da es einen Mißbrauch der Pressefreiheit zum Kampfe gegen die freiheitliche demokratische Grundordnung feststellt.

---

[1] Vgl. dazu LG Limburg, NJW 1957, 1246; Bruns, GA 1956, 209; 1959, 206; NJW 1959, 1394; Karl Peters, JZ 1957, 65; Baumann, GA 1958, 202 f.; Maurach, Allgemeiner Teil, S. 642; Stree, Deliktsfolgen und Grundgesetz, S. 174 ff., 240; Maunz-Dürig, Art. 2 I Rdnr. 78; Dalcke-Fuhrmann-Schäfer, § 24 StGB Erl. 2 a, b; Hamann, Grundgesetz und Strafgesetzgebung, S. 62.

[2] So BGHSt 9, 258 (259 f.) = LM Nr. 3 zu § 24 StGB (LS) m. zust. Anm. v. Jagusch; Dalcke-Fuhrmann-Schäfer, § 24 StGB Erl. 4.

[3] So OLG Hamm, NJW 1955, 34; Jagusch LK, § 24 Erl. 2; Karl Peters, JZ 1957, 65; Heinitz, ZStrW 70 (1958), 14; Bruns, GA 1959, 222, 226; Schönke-Schröder, § 24 Erl. II 3 b. Vermittelnd: Schönke-Schröder (8. A. 1957), § 24 Erl. II 3 b; Kohlrausch-Lange, § 24 Erl. III 3 b. Unentschieden: Schwarz-Dreher, § 24 Erl. 1.

[4] was das BVerfG in E 10, 118 (122) ausdrücklich für zulässig erachtet.

Es erscheint eigenartig, daß sowohl ein Landgericht als auch das Verfassungsorgan „Bundesverfassungsgericht" (§ 1 I BVerfGG), das sich selbst als den obersten Hüter der Verfassung bezeichnet[5], der sich in Charakter und Bedeutung von allen anderen Gerichten wesentlich abhebe[6], gleichermaßen dazu berufen sein sollen, denselben Sachverhalt zu beurteilen und dieselbe Rechtsfolge an ihn zu knüpfen. Offensichtlich gibt es Berührungspunkte und Beziehungen zwischen den zur Anwendung gelangten verfassungs- und strafrechtlichen Normen. Welcher Art diese Verbindungen sind, wie weit sie gehen und welche rechtlichen Folgerungen aus ihnen zu ziehen sind, ist das Thema der Arbeit. In den beiden ersten Kapiteln werden zunächst die konkurrierenden Vorschriften, soweit sie sich auf die Pressefreiheit beziehen, isoliert betrachtet. Im dritten Kapitel werden sie sodann miteinander verglichen, und es wird dargelegt, welche Konsequenzen sich daraus für das strafrechtliche Berufsverbot ergeben.

---

[5] BVerfGE 1, 184 (196); 6, 300 (304); Denkschrift des Bundesverfassungsgerichts vom 27. Juni 1952, JZ 1953, 157 = JöR NF Bd. 6 (1957), 145.
[6] Denkschrift usw., JZ 1953, 157 = JöR NF Bd. 6 (1957), 144.

Erstes Kapitel

Die Verwirkung der Pressefreiheit nach Art. 18 GG, § 39 BVerfGG

Im folgenden werden die Bestimmungen der Art. 18 GG, § 39 BVerfGG behandelt, soweit sie auf die Pressefreiheit Bezug haben. Ausgangspunkt ist dabei Art. 18 GG:

Wer die Freiheit der Meinungsäußerung, insbesondere die Pressefreiheit (Artikel 5 Absatz 1), die Lehrfreiheit (Artikel 5 Absatz 3), die Versammlungsfreiheit (Artikel 8), die Vereinigungsfreiheit (Artikel 9), das Brief-, Post- und Fernmeldegeheimnis (Artikel 10), das Eigentum (Artikel 14) oder das Asylrecht (Artikel 16 Absatz 2) zum Kampfe gegen die freiheitliche demokratische Grundordnung mißbraucht, verwirkt diese Grundrechte. Die Verwirkung und ihr Ausmaß werden durch das Bundesverfassungsgericht ausgesprochen.

Wie jede vollständige Rechtsnorm kann auch Art. 18 GG in einen Tatbestand und eine daran anknüpfende Rechtsfolge zerlegt werden. Die Tatbestandsmerkmale ergeben sich aus dem ersten Halbsatz des ersten Satzes. Die Rechtsfolge, die Verwirkung von Grundrechten, ist im zweiten Halbsatz des ersten Satzes enthalten. Satz zwei präzisiert sie und gibt außerdem eine Verfahrensvorschrift, indem er den Ausspruch der Verwirkung und ihres Ausmaßes dem Bundesverfassungsgericht zuweist.

Erster Abschnitt

Der Tatbestand des Art. 18 S. 1 GG

Der Tatbestand des hier auf die Pressefreiheit zu beschränkenden Art. 18 S. 1 GG erfordert den Mißbrauch der Pressefreiheit für einen noch näher zu bestimmenden Zweck. Das Grundgesetz geht somit davon aus, daß alle oder jedenfalls die in Art. 18 S. 1 GG aufgezählten Grundrechte allein zur Erreichung gebilligter oder doch wenigstens nicht mißbilligter Ziele auszuüben sind und daß gewisse Ausübungsarten unzulässig sein sollen. Es setzt voraus, daß es außer dem in Art. 18 GG umschriebenen Grundrechtsmißbrauch einen Grundrechtsgebrauch gibt, der unter Umständen in Mißbrauch umschlagen oder übergehen kann. Da „der Grundrechtsmißbrauch ... im Gewand des Grundrechtsgebrauchs" erscheint[7], kann das Wesen mißbräuchlicher Grundrechtsausübung nur ermittelt werden, wenn zuvor geklärt wird, wie der Gebrauch von Grundrechten — insbesondere der Pressefreiheit — dogmatisch aufzufassen ist. Weiterhin ist diese Prüfung auch deshalb erforderlich, weil sie es erst ermöglicht, den Begriff der Rechtsfolge „Verwirkung" zu erhellen. Da „diese Grundrechte" verwirkt werden, muß man den Gegenstand der Verwirkung kennen, um sie selbst beschreiben zu können. Wie immer man die Verwirkung bestimmt, auf jeden Fall stellt sie einen Verlust dar, den der Grundrechtsträger erleidet. Das Wesen dieses Verlustes ist aber nur dann zu verstehen, wenn man weiß, was der Rechtsinhaber vor dem Eintritt der Verwirkung gehabt hat.

§ 2: Der Grundrechtsgebrauch

I. Der Gebrauch von Rechten

Der Gebrauch eines Rechts, seine Ausübung oder Verfolgung geschieht durch Verwirklichung des Rechtsinhalts[1], also durch ein Verhalten des Berechtigten, das dem Inhalt des Rechts entspricht[2]. Entscheidend für die Art der Ausübung ist demnach die Art des Rechts[3]. So werden etwa Ansprüche durch Mahnung oder Leistungsklage, Gestaltungsrechte durch Abgabe einer Willenserklärung oder durch Gestaltungsklage geltend gemacht; absolute Rechte wie das Eigentum werden durch Vornahme tatsächlicher oder rechtgeschäftlicher Handlungen oder durch Verfolgung sekundärer Hilfsansprüche[4] wahrgenommen[5]. Dementsprechend muß auch die Rechtsinhaltsverwirklichung bei Grundrechten von deren Rechtsnatur abhängig sein.

II. Die Rechtsnatur der Grundrechte

Stellt man sich auf den Boden der traditionellen Lehre, welche die Grundrechte in die drei Kategorien des status negativus sive libertatis,

---

[7] Gallwas, S. 48.
[1] Siebert, Verwirkung, S. 83, 89; Soergel-Siebert, Rdnr. 2 vor § 226; Kessler, S. 35; Heinrich Lehmann, Allgemeiner Teil, § 15 I 1 vor a; vgl. auch Kelsen, Reine Rechtslehre S. 132.
[2] von Tuhr, Allgemeiner Teil II 2, S. 545; Enneccerus-Nipperdey, § 239 1 I 1; Staudinger-Weber, § 242 Erl. D 19; ähnlich auch Endemann, Lehrbuch des bürgerlichen Rechts, 1. Bd., 9. A. (1903), S. 416.
[3] von Tuhr, Allgemeiner Teil II 2, S. 545; Enneccerus-Nipperdey, § 239 1 I 1; Soergel-Siebert, Rndr. 2 vor § 226; Heinrich Lehmann, Allgemeiner Teil, § 15 I 1 vor a; Staudinger-Weber, § 242 Erl. D 19.
[4] Der Ausdruck stammt von Raiser, JZ 1961, 466.
[5] Vgl. dazu von Tuhr, Allgemeiner Teil II 2, S. 545 f.; Enneccerus-Nipperdey, § 239 1 I 1; Soergel-Siebert, Rndr. 2, 4 vor § 226; Raiser, JZ 1961, 466; Staudinger-Weber, § 242 Erl. D 19.

§ 2: Der Grundrechtsgebrauch

des status positivus und des status activus einordnet[6], kommt man zu dem Ergebnis, daß die liberalen oder klassischen Grundrechte — insbesondere Meinungs- und Pressefreiheit als Kardinalfreiheitsrechte[7] — dem status negativus angehören und daher dem Schutz des einzelnen durch Gewährung von Abwehrrechten dienen[8].

Abwehrrechte sind negative[9] oder Unterlassungsansprüche. Grundrechtliche Abwehrrechte sind Unterlassungsansprüche[10], die sich gegen den Staat oder einen sonstigen Träger öffentlicher Gewalt richten[11] und von ihnen verlangen, daß sie nicht rechtswidrig in die Freiheit des Individuums eingreifen, es nicht mit ungesetzlichen Belastungen beschweren[12, 13].

---

[6] Georg Jellinek, Allgemeine Staatslehre, 3. A. (1928), S. 419 ff.; System der subjektiven öffentlichen Rechte, S. 87, 94 ff.; Thoma, Grundrechte und Polizeigewalt, S. 185 Anm. 2; Die Grundrechte und Grundpflichten der Reichsverfassung I, S. 20; HdbchDStR II, S. 618 ff.; Fleiner, Institutionen des deutschen Verwaltungsrechts, 8. A. (1928), S. 177 f.; Carl Schmitt, Verfassungslehre (Neudruck 1954), S. 163 f.; HdbchDStR II S. 590 ff.; Walter Jellinek, Verwaltungsrecht, S. 206 f.; Hans Peters, Lehrbuch der Verwaltung, S. 147; Bachof, Die verwaltungsgerichtliche Klage auf Vornahme einer Amtshandlung (1951), S. 67; VVDStRL 12 (1954), 73; Jellinek-Gedächtnisschrift, S. 293 Anm. 27; Antoniolli, Allgemeines Verwaltungsrecht (1954), S. 126; Bühler, Jellinek-Gedächtnisschrift, S. 269; Löw, Der Grundrechtsbegriff der bayerischen Verfassung und ihre Grundrechte, Diss. München 1957, S. 29 ff.; von Mangoldt-Klein, Vorb. A II 3 (S. 58 ff.); Wertenbruch DVBl 1958, 483; Küchenhoff, Allgemeine Staatslehre, 4. A. (1960), S. 37 ff.; Maunz-Dürig, Art. 1 III Rdnr. 94, 95, Art. 2 I Rdnr. 25 sub IV 1 und Anm. 1; Hönsch, S. 8; von Turegg-Kraus, Lehrbuch des Verwaltungsrechts S. 166 ff., 171 sub d; Hans J. Wolff, Verwaltungsrecht I, § 32 IV c 1.

[7] Zur überragenden Bedeutung der Meinungs- und Pressefreiheit vgl. BVerfGE 5, 85 (134); 7, 198 (204 f., 208); 7, 230 (234); 8, 104 (115); 10, 118 (121); 12, 113 (125); 12, 205 (259 f.); BVerfG, NJW 1962, 2243; 1963; 147; BGHZ 19, 392 (399); BGH, NJW 1963, 903.

[8] BVerfGE 7, 198 (204 f.); 7, 230 (238) — in bezug auf Art. 13 GG; 7, 377 (400); 8, 104 (115); 11, 150 (158); 11, 234 (238); BGHZ 33, 145 (149); KG, NJW 1962, 1917; von Mangoldt-Klein, Art. 5 Erl. I 3; Wehrhahn AöR 82 (1957), 252; Wertenbruch, DVBl 1958, 483.

[9] richtiger: „negatorische" Abwehrrechte. So die Formulierung von Thoma, HdbchDStR II, S. 618, die allgemein übernommen worden ist: BVerfGE 7, 230 (238); Ridder, Grundrechte II, S. 244; Löffler, Presserecht, § 1 RPG Rdnr. 22, 42; Hans J. Wolff, Verwaltungsrecht I, § 33 V a 1.

[10] Hamann, Vorb. 3 vor Art. 1; Füchtenbusch, S. 4; Maunz-Dürig, Art. 1 III Rdnr. 94; von Turegg-Kraus, Lehrbuch des Verwaltungsrechts, S. 167.

[11] Die Probleme der Fiskal- und Drittwirkung der Grundrechte können hier außer Betracht bleiben.

[12] BVerfGE 7, 198 (204); 7, 230 (238); Thoma, Die Grundrechte und Grundpflichten der Reichsverfassung I, S. 16; Walter Jellinek, Verwaltungsrecht, S. 208; Bachof, Die verwaltungsgerichtliche Klage auf Vornahme einer Amtshandlung (1951), S. 67; Kind, S. 16 ff.; von Mangoldt-Klein, Vorb. A II 3 (S. 59); Füchtenbusch, S. 4; Maunz-Dürig, Art. 2 I Rdnr. 26.

[13] Die Frage, ob und inwieweit neben den subjektiven Grundrechten objektiv-rechtliche Instituts- oder Einrichtungsgarantien anzuerkennen sind, bedarf im Rahmen des Art. 18 GG keiner Erörterung, da diese Vorschrift nur subjektive Rechte im Auge hat.

2 Wilke

An dieser rechtlichen Qualifizierung der Meinungs- und Pressefreiheit ändert sich selbst dann nicht viel, wenn man annimmt, sie sei aus dem Bereich des status negativus herausgetreten und nunmehr — auch oder nur noch — ein demokratisches Recht im status activus, das dem Berechtigten ein Recht auf Teilhabe an staatlicher Willensbildung gewähre[14]. Denn insoweit Art. 18 GG diese Freiheit einer Regelung unterwirft, wird sie trotzdem lediglich als Unterlassungsanspruch betroffen. Der Grund liegt darin, daß die demokratischen Grundrechte des status activus einen doppelten Inhalt haben: Einerseits verpflichten sie den Staat zur Unterlassung rechtswidriger Eingriffe, andererseits zur Gewährung positiver Leistungen. So hat der Wähler, der von seinem Wahlrecht Gebrauch macht, ein Recht, beim Wahlakt nicht behindert zu werden, aber auch einen Anspruch darauf, daß der Staat bestimmte aktive Handlungen vornehme (Zurverfügungstellung eines Stimmzettels, Berücksichtigung der abgegebenen Stimme bei der Ermittlung des Wahlergebnisses). Aus dieser Doppelnatur der Aktivrechte ergeben sich die Schwierigkeiten bei der Einordnung von Grundrechten in eine der Kategorien. Denn die drei status sind nicht nach einem einheitlichen Gesichtspunkt gebildet. Der Einteilung liegen vielmehr zwei verschiedene Gedanken zugrunde. Status negativus und positivus teilen die Grundrechte nach der Art des Verhaltens ein, das dem verpflichteten Staat obliegt: Unterlassen im ersten Fall, positives Handeln im zweiten. Ob ein Recht zum status activus gehört, bemißt sich dagegen nicht nach der vom Staat verlangten Handlung, sondern nach dem Zweck, dem das Recht zu dienen bestimmt ist: der Mitwirkung bei der staatlichen Willensbildung. Geht man von der Art des dem Staat gebotenen Handelns aus, so enthalten die Rechte des status activus sowohl Unterlassungs- als auch Leistungsansprüche.

Sollte die Meinungs- und Pressefreiheit dem status activus — ganz oder teilweise — angehören, so ist sie jedenfalls, insoweit Art. 18 GG sie für mißbrauch- und verwirkbar hält, nur als Unterlassungsanspruch betroffen. Denn eventuelle Ansprüche von Presseangehörigen auf aktives staatliches Tun könnten kaum zum Kampf gegen die freiheitliche demokratische Grundordnung mißbraucht werden. Als Kampfinstrument im Sinne des Art. 18 GG kommen lediglich grundrechtliche Unterlassungsansprüche in Betracht.

---

[14] So Ridder, Grundrechte II, S. 259; Reißmüller, JZ 1960, 531 sub II 2; Dagtoglou, Pressefreiheit, S. 10.

III. Der Grundrechtsgebrauch

1. Die Grundrechte als Abwehrrechte

Wie finden nun Gebrauch (und Mißbrauch) derartiger Unterlassungsansprüche statt? Es wurde bereits erwähnt[15], daß Forderungsrechte durch Mahnung oder Klage geltend gemacht werden. Auf die (abwehrenden) Grundrechte übertragen, würde das bedeuten, daß der Grundrechtsträger ausdrücklich vom Staat die Beachtung seiner Freiheitssphäre begehrt oder ihn mit Hilfe einer (vorbeugenden) Klage zu ihrer Respektierung zwingt. Denkbar ist auch, daß nach bereits erfolgtem rechtswidrigem Eingriff in den vom Grundrecht umhegten Raum ein Aufhebungsanspruch geltend gemacht wird, der als Sekundärrecht dem Grundrecht entspringt[16]. Es ist aber klar, daß Art. 18 GG bei der Bewertung eines Grundrechtsgebrauchs als mißbräuchlich nicht diese Gebrauchsformen im Auge hat. Das Grundgesetz denkt vielmehr daran, daß jemand

in Versammlungen zur gewaltsamen Beseitigung der freiheitlichen demokratischen Grundordnung aufruft;

hochverräterische Publikationen herstellt;

sein Eigentum dazu benutzt, „um Herrn Hitler gegen das Wohl der Allgemeinheit zu subventionieren"[17];

Einrichtungen der Post zur Begehung von Landesverrat gebraucht;

politisches Asyl in Anspruch nimmt, um in der Bundesrepublik an verfassungsfeindlichen Umtrieben teilzunehmen.

Diesen Beispielen ist gemeinsam, daß der Grundrechtsträger gerade nicht von einem negatorischen Abwehrrecht Gebrauch macht. Weder gibt er Erklärungen gegenüber dem Staat ab, in denen er ihn um Beachtung der Freiheitssphäre bittet, noch beschreitet er den Weg zum Gericht, um sich mit dessen Hilfe gegen Eingriffe zu wehren. Am liebsten ist es ihm in solchen Fällen, wenn er vom Staat nicht beachtet oder doch wenigstens nicht gestört wird, um, ohne mit ihm überhaupt in Berührung zu geraten, seine staatsfeindliche Tätigkeit betreiben zu können. Erst wenn es zu einem Konflikt kommt, bei dem etwa Polizei oder Strafrichter gegen ihn vorgehen, wird er sich ausdrücklich auf ihm zustehende Grundrechte berufen. Das Grundgesetz meint aber

---

[15] Vgl. oben § 2 I.
[16] So ist etwa Hartmann, S. 131, 141, der Meinung, daß die Grundrechte (nur) dadurch ausgeübt würden, daß sich der Grundrechtsträger gegen Störungen dieser Rechte wende. Vgl. auch Hans J. Wolff, Verwaltungsrecht I, § 43 I a.
[17] Das Beispiel ist von Doemming-Füsslein-Matz, Entstehungsgeschichte der Artikel des Grundgesetzes, JöR NF 1 (1951), 147, entnommen. Vgl. auch von Mangoldt-Klein, Art. 18, Erl. III 4 c.

nicht diese nachträgliche Berufung auf Grundrechte, sondern es will die ihr vorangehende tatsächliche verfassungsfeindliche Betätigung verhindern.

Wenn indes der Staat als Grundrechtsverpflichteter oder „Grundrechtsschuldner" keine Anstalten macht, in den vom Unterlassungsanspruch umhegten Bereich einzubrechen, scheint kein Raum für eine Ausübung des Rechts zu sein, geschweige denn für seine mißbräuchliche Geltendmachung. Daran würde sich selbst dann nichts ändern, wenn der Grundrechtsinhaber sich gelegentlich der Vornahme tatsächlicher Handlungen ausdrücklich auf ihm zustehende Grundrechte berufen würde. Art. 18 GG scheint demnach einen unmöglichen Tatbestand geschaffen zu haben, wenn er Gebrauch und Mißbrauch von Grundrechten durch bloß faktische Betätigung für möglich hält.

2. Die Grundrechte als Darfrechte

Dieser Eindruck täuscht indes und löst sich auf folgende Weise auf:

Vergleicht man die grundrechtlichen Abwehransprüche mit den Abwehransprüchen des Zivilrechts, so stellt man fest, daß die dort getroffene Unterscheidung der Unterlassungsansprüche in Unterlassungsansprüche im engeren Sinne und Duldungsansprüche im Verfassungsrecht zumeist nicht gemacht wird. Während die (eigentlichen) Unterlassungsansprüche sich auf ein Nichthandeln des Schuldners beschränken, haben die Duldungsansprüche den Inhalt, daß der Verpflichtete nichts gegen zu erwartende oder mögliche Handlungen des Gläubigers unternimmt[18]. Duldungsansprüche sind also eine besondere Kategorie von Unterlassungsansprüchen[19]. Da sie sich aber nicht in einem bloßen Nichtstun erschöpfen, sondern ein spezielles Nichtstun fordern, das sich durch Passivität gegenüber fremden Handlungen auszeichnet, werden sie nicht erst wie die sonstigen Unterlassungsansprüche durch Klage, Mahnung o. ä., sondern schon durch die Vornahme der Handlung gel-

---

[18] Wendt, AcP 92 (1901), 16 f., 19, 20; Heinrich Lehmann, Die Unterlassungspflicht im bürgerlichen Recht (1906), S. 24, 25; von Tuhr, Allgemeiner Teil I, S. 105; Blomeyer, Allgemeines Schuldrecht, 2. A. (1957), § 2 II 2; Enneccerus-Lehmann, § 4 I; Enneccerus-Nipperdey, §§ 74 III, 222 Anm. 21; Kelsen, Reine Rechtslehre. S. 16, 131; Palandt-Danckelmann, § 241 Erl. 4.
[19] Wendt AcP 92 (1901), 16; Heinrich Lehmann, Die Unterlassungspflicht im bürgerlichen Recht (1906), S. 23; von Tuhr, Allgemeiner Teil I, S. 105; Planck-Knoke, Erl. 5 b vor § 195: Enneccerus-Nipperdey, § 74 III; Palandt-Danckelmann, § 241 Erl. 4. Kritisch insoweit Planck-Siber, § 241 Erl. 3, nach denen die Duldungspflichten den Handlungspflichten näherstehen als den Unterlassungspflichten.
Auch das Strafrecht kennt die Unterscheidung zwischen (bloßer) Unterlassung und Duldung; vgl. §§ 240, 253 StGB und Frank, Strafgesetzbuch, 18. A. (1931), § 240 Erl. III.

tend gemacht, gegen die ein Widerstand des Verpflichteten naheliegt[20]. Diese Erkenntnisse lassen sich auch im Verfassungsrecht verwerten. Die Qualifizierung der Grundrechte als Unterlassungsansprüche ist allein noch nicht in der Lage, deren rechtliche Natur hinreichend zu bestimmen. Vielmehr muß ihr Inhalt genauer ermittelt werden.

Die Grundrechte verpflichten den Staat, Handlungen des einzelnen hinzunehmen. Er darf sie nicht verhindern, sondern ist gezwungen, bestimmte Verhaltensweisen der Bürger innerhalb ihrer Freiheitssphäre nicht zu stören. Gebote aber, die darauf gerichtet sind, Beeinträchtigungen fremder Handlungen zu unterlassen, sind Duldungsgebote. Dementsprechend sind Rechte auf Nichtstörung eigenen Verhaltens Duldungsansprüche. Die Grundrechte des status negativus enthalten somit Unterlassunganspruche in Form der Duldungsansprüche, die man auch als Darfrechte bezeichnen kann. Ihr Rechtsinhalt wird durch die Vornahme tatsächlicher (oder rechtsgeschäftlicher) Handlungen in dem Lebensbereich verwirklicht, den das jeweilige Grundrecht schützen will[21].

In der Literatur finden sich nur gelegentlich — zumeist flüchtige — Hinweise auf diese rechtliche Eigenart der Grundrechte, obwohl erst sie eine dogmatisch einwandfreie Auffassung des Tatbestandes des Art. 18 GG ermöglicht. Allerdings hat Giese in seiner Monographie „Die Grundrechte" (1905) bereits darauf aufmerksam gemacht, daß die Grundrechte — zum Teil — Duldungsrechte sind[22]. Er hat den Gedanken jedoch nicht weiter verfolgt, da sich für ihn keine praktischen Konsequenzen daraus ergaben. In ähnlichen Bahnen hat sich später Bühler[23] bewegt, der die Grundrechte zwar als Abwehr- bzw. Unterlassungsansprüche bezeichnete, ihren positiven Gehalt indes dadurch hervorkehrte, daß er sie als Garantien eines Tundürfens auffaßte. Demgemäß kam er ebenso wie die hier vertretene Ansicht dazu, die

---

[20] So Kelsen, Reine Rechtslehre, S. 132, der die Ausübung eines Duldungsrechts als Genuß bezeichnet.

[21] Falsch daher Hartmann, S. 131, der die Grundrechte als Herrschaftsrechte ansieht (ebenso insoweit Bachof, Jellinek-Gedächtnisschrift, S. 293 sowie Löffler, Presserecht, § 1 RPG Rdnr. 87 für die Pressefreiheit), aber die Betätigung im grundrechtlich geschützten Raum als Nutzung vorrechtlicher Möglichkeiten auffaßt und erst die Abwehr von Störungen und Eingriffen als Geltendmachung der Grundrechte bezeichnet.

[22] S. 61, 90 f.

[23] Die subjektiven öffentlichen Rechte und ihr Schutz in der deutschen Verwaltungsrechtsprechung (1914), S. 63, 65, 129, 223, 228; JW 1927, 431; s. auch Fleiner-Festgabe S. 50 f.; ähnlich Geiger, BVerfGG Vorb. 2 vor § 36, § 90 Erl. 1; Staatslexikon III, S. 1124 f.; von Turegg-Kraus, Lehrbuch des Verwaltungsrechts, S. 170 Anm. 3. Andeutungen in diese Richtung ebenfalls bei von Mangoldt-Klein, Art. 18 Erl. III 3 a im Gegensatz zu Vorb. A II 3 a, wo die negativen Statusrechte lediglich als Unterlassungsansprüche charakterisiert werden. Vgl. noch Maunz-Dürig, Art. 2 I Rdnr. 69 sub 2.

Betätigung in dem durch das Grundrecht geschützten Raum als Ausübung von (Grund-)Rechten anzusehen[24]. Neuerdings hat Seiwerth[25] wiederum auf die positive Befugnis zum Tun, die die Abwehrrechte gewähren, hingewiesen. Im Keim steckt diese Erkenntnis aber auch in denjenigen modernen Grundrechtsumschreibungen, die die Grundrechte des status negativus (einerseits) als Abwehrrechte definieren, die (andererseits) zugleich dem einzelnen einen bestimmten Lebensbereich sichern und garantieren wollen[26].

3. Der Bruch im Tatbestand des Art. 18 S. 1 GG

Wenn die Auffassung der — klassischen — Grundrechte als Duldungsrechte richtig ist, müßten die in Art. 18 S. 1 GG genannten Grundrechte die Voraussetzungen der Duldungsansprüche erfüllen, d. h., es müßte sich um Rechte handeln, die durch faktische Betätigung ausgeübt werden können. Keine Schwierigkeiten ergeben sich insoweit für die Meinungsäußerungs-, Presse-, Lehr-, Versammlungs- und Vereinigungsfreiheit. Ihr Rechtsinhalt wird durch Vornahme bestimmter geschützter Handlungen verwirklicht. Zweifel könnten indes aus der Aufnahme des Eigentums, des Brief-, Post- und Fernmeldegeheimnisses und des Asylrechts resultieren: Bei ihnen bestehen zumindest Bedenken, ob es sich wirklich um Duldungsrechte handelt, die durch positive Handlungen gebraucht (und mißbraucht) werden können. Es erscheint nicht ausgeschlossen, daß diese Grundrechte nur dem Staat ein bestimmtes Verhalten verbieten, ohne daß dieser Unterlassungspflicht ein Handelndürfen des Grundrechtsträgers entspricht.

So ist es sicher, daß das Eigentum (auch) als rein passives Innehaben von Vermögenswerten grundrechtlichen Schutz genießt. Schon der noch handlungsunfähige „Hausbesitzer" ist Grundrechtsträger. Es ist jedoch schwer vorstellbar, wie das Grundrecht „Eigentum" durch solch bloßes Innehaben soll verwirklicht werden können. Die für den Eigentumsmißbrauch gegebenen Beispiele behandeln demgemäß auch nur Fälle, bei denen der Mißbraucher ein aktives Verhalten an den Tag legt und sich nicht mit dem reinen Innehaben begnügt. So soll ein Mißbrauch etwa dann vorliegen, wenn jemand

---

[24] Die subjektiven öffentlichen Rechte usw., S. 147.
[25] Zur Zulässigkeit der Verfassungsbeschwerde gegenüber Grundrechtsverletzungen des Gesetzgebers durch Unterlassen (1962), S. 48 f. Vgl. auch Gallwas, S. 48 ff.
[26] Vgl. von Mangoldt-Klein, Vorb. A II 3 a; Wertenbruch, DVBl 1958, 483. S. auch BVerfGE 7, 377 (400); 9, 83 (88).

einer im Sinne des Art. 21 II GG verfassungswidrigen Partei in Kenntnis der die Verfassungswidrigkeit begründenden Umstände Mittel zukommen läßt[27];

den Feinden der freiheitlichen demokratischen Grundordnung Geld zuwendet[28] oder ihnen Versammlungsräume oder seine Druckerei zur Verfügung stellt[29].

Das Grundrecht des Eigentums muß daher insoweit als Duldungsrecht angesehen werden, als es dem Staat gebietet, Handlungen nicht zu stören, durch die ein von Art. 14 GG geschütztes Vermögensrecht und damit das Grundrecht selbst ausgeübt wird. Auch das Grundgesetz selbst geht in Art. 14 II 2 von einem durch positives Tun zu verwirklichenden Rechtsinhalt aus, wenn es das Gebot aufstellt, daß der „Gebrauch" des Eigentums zugleich dem Wohle der Allgemeinheit dienen soll[30]. Art. 14 GG enthält darüber hinaus einen Unterlassungsanspruch im engeren Sinne, indem er unabhängig von jeder Ausübungshandlung schon das bloße Innehaben von Vermögensrechten vor rechtswidrigen staatlichen Beeinträchtigungen bewahrt[31].

Anders liegen die Verhältnisse indes bei dem Asylrecht sowie dem Brief-, Post- und Fernmeldegeheimnis. Bei ihnen besteht lediglich eine Pflicht des Staates, Eingriffe in diese Rechte zu unterlassen[32]. Dagegen korrespondiert der Pflicht, wie es für ein Duldungsrecht erforderlich wäre, keine Befugnis auf der Seite des Berechtigten, irgendwelche Handlungen vorzunehmen[33]. Das kann allenfalls beim Asylrecht noch zweifelhaft sein, denn immerhin muß sich der Grundrechtsträger, um des Schutzes des Art. 16 II 2 GG teilhaftig zu werden, in das Gebiet der Bundesrepublik begeben, also eine aktive Tätigkeit entfalten. Ganz sicher ist es dagegen bei den anderen drei genannten Rechten. Zwar

---

[27] Wernicke, BK Art. 18 Erl. II 1 e; von Mangoldt-Klein, Art. 18 Erl. III 4 c. Es erscheint aber angesichts der teilweisen Nichtigerklärung des § 90 a StGB durch das BVerfG (E 12, 296) äußerst zweifelhaft, ob ein derartiges Verhalten wegen des insoweit konstitutiven Verbotsurteils nach Art. 21 II GG als mißbräuchlich angesehen werden kann.
[28] Geiger, BVerfGG, § 39 Erl. 2 Abs. III.
[29] Geiger, a.a.O.
[30] Ähnlich schon Art. 153 III 2 WRV. Art. 118 I 2 WRV sprach vom „Gebrauch" der Meinungsäußerungsfreiheit, Art 126 S. 2 WRV von der Ausübung des Petitionsrechtes.
[31] Art. 14 GG ist jedoch nicht auf das Innehaben von Vermögenswerten beschränkt. Auch die auf den Erwerb von Eigentum gerichtete Tätigkeit steht unter seinem Schutz.
[32] Für das Asylrecht vertreten allerdings von Mangoldt-Klein (Art. 16 Erl. II 5, V 2 b) die Ansicht, es sei in erster Linie ein positives Statusrecht, gewähre also einen Anspruch auf positive staatliche Leistungen und nur sekundär ein negatives Abwehrrecht. Hier kommt es jedoch nur darauf an, daß das Asylrecht, insoweit es bloßes Abwehrrecht ist, jedenfalls kein Duldungsrecht ist.
[33] So schon Giese, Die Grundrechte S. 90, für das Briefgeheimnis.

sind nicht nur der Brief- und sonstige (passive) Postempfang grundrechtlich geschützt, sondern auch das (aktive) Telefonieren, Briefversenden und die sonstigen Benutzungsformen der Post- und Fernmeldeeinrichtungen. Jedoch gewährleisten alle drei Freiheiten nicht die Benutzung der Post- und Fernmeldeanlagen; sie sorgen lediglich dafür, daß im Falle ihrer Benutzung diese Tatsache sowie der Inhalt der übermittelten Nachrichten Dritten verborgen bleiben. Das Recht dagegen, Post- und Fernmeldeeinrichtungen zu benutzen, ergibt sich nicht aus Art. 10 GG, sondern aus dem im Range unter der Verfassung stehenden positiven Post- und Fernmelderecht (§ 3 S. 1 des Gesetzes über das Postwesen vom 28. 10. 1871 — RGBl. S. 347 —; § 7 I des Gesetzes über Fernmeldeanlagen vom 14. 1. 1928 — RGBl. I S. 8), allenfalls auch aus Art. 2 I GG. Wird das Postbenutzungsrecht ausgeübt, so liegt darin nicht zugleich die Inhaltsverwirklichung des Postgeheimnisses. Dieses kann den Staat allerdings nur binden, wenn jemand die von ihm betriebene Post benutzt. Jedoch ist die Benutzung nur die Voraussetzung für das Eingreifen des Postgeheimnisses, nicht aber dessen Ausübung selbst[34].

Wird somit dieses Grundrecht nicht durch Vornahme tatsächlicher Handlungen wahrgenommen[35], so kann es auch dadurch nicht mißbraucht werden. Mißbraucht und gebraucht wird allein das nicht von Art. 10 GG geschützte Recht zur Benutzung der Post- und Fernmeldeanlagen. Indirekt wird diese Ansicht durch gelegentliche Stellungnahmen in der Literatur bestätigt, die darauf hinweisen, daß ein selbständiger Mißbrauch dieser Freiheit kaum denkbar sei, sondern daß sie im allgemeinen nur zur Unterstützung der eigentlichen Mißbrauchshandlung dienen werde[36].

Der Tatbestand des Art. 18 S. 1 GG enthält also einige Rechte, die gar nicht zum Kampf gegen die freiheitliche demokratische Grundordnung benutzt werden können. Er weist daher einen dogmatischen Bruch auf. Zwar war es sinnvoll, die drei Freiheiten für verwirkbar zu erklären; unzweckmäßig dagegen war es, sie als mißbrauchbar in den Tatbestand aufzunehmen, wenn ihr Inhalt nicht durch faktische Handlungen verwirklicht werden kann.

---

[34] Vgl. dazu auch Kind, S. 28.
[35] Das folgende gilt für alle drei Freiheiten.
[36] Geiger, BVerfGG, § 39 Erl. 2 Abs. II; Kessler, S. 25; von Mangoldt-Klein, Art. 18 Erl. III 3 b, die sich im übrigen der richtigen Erkenntnis noch einen weiteren Schritt nähern, wenn sie ausführen, Asylrecht, Brief-, Post- und Fernmeldegeheimnis seien Grundrechte ohne „negative" Seite. Unter „negativer" Seite verstehen sie die in den meisten Grundrechten enthaltene Befugnis, etwas nicht zu tun (Bsp.: negative Koalitionsfreiheit). Die genannten Rechte haben aber deshalb keine negative Seite, weil sie auch keine positive haben. Da sie nicht das Recht gewähren, irgendwelche Handlungen vorzunehmen, können sie nicht die Befugnis verleihen, sie zu unterlassen.

§ 3: Der Mißbrauch der Pressefreiheit zum Kampfe gegen die freiheitliche demokratische Grundordnung

I. Die Kampfhandlung

1. Der Grundrechtsmißbrauch

Da die Pressefreiheit zu den grundrechtlichen Duldungsansprüchen gehört, geschieht ihr Gebrauch durch die Vornahme tatsächlicher Handlungen, etwa dadurch, daß ein Presseangehöriger seine Meinung in Presseerzeugnissen äußert oder dort Tatsachen berichtet. Unter den in Art. 18 S. 1 GG umschriebenen Voraussetzungen wird eine solche Grundrechtsausübung zum Grundrechtsmißbrauch. Eine auf diese Vorschrift beschränkte Mißbrauchsdefinition bereitet keine Schwierigkeiten, wenn jeder Gebrauch der Pressefreiheit zum Kampfe gegen die freiheitliche demokratische Grundordnung zugleich ein Mißbrauch ist. Die Mühe, das Wesen des allgemeinen Grundrechtsmißbrauchs zu klären[1], entfällt also nur, wenn die Prämisse richtig ist, daß jeder Grundrechtsgebrauch mit dem in Art. 18 S. 1 GG bezeichneten Kampfziel als mißbräuchlich anzusehen ist. Sie ist auf jeden Fall nicht selbstverständlich, denn der Wortlaut dieser Bestimmung erweckt den Anschein, als ob es zwei Arten gäbe, die freiheitliche demokratische Grundordnung zu bekämpfen: eine mißbräuchliche (verbotene) und eine (noch) nicht mißbräuchliche (erlaubte)[2].

Dieser Eindruck täuscht jedoch. Das Grundgesetz hat die Staatsform der streitbaren[3], militanten[4], wehrhaften[5], wachsamen[6] und wertbetonten[7] Demokratie gewählt, sich von der innerpolitischen Neutralität bis zum Selbstmord abgewandt[8] und gewährt den Feinden der Freiheit keine (völlige) Freiheit mehr[9]. Im Gegensatz zur Weimarer Verfassung

---

[1] Vgl. dazu Gallwas, Der Mißbrauch von Grundrechten, Diss. München 1961.
[2] Wernicke, BK Art. 18 Erl. II 1 c α; Herbert Krüger, DVBl 1953, 98 Anm. 24; Gallwas S. 159.
[3] BVerfGE 5, 85 (139); Wintrich, Zur Problematik der Grundrechte (1957) S. 12; Evers, Privatsphäre und Ämter für Verfassungsschutz (1960) S. 1; Willms, Staatsschutz S. 17; Ridder, DÖV 1963, 323.
[4] Thoma, Die Lehrfreiheit der Hochschullehrer (1952) S. 25; Ridder, Grundrechte II S. 286; Hamann, NJW 1962, 1847.
[5] Jahrreiß, Thoma-Festschrift S. 88; Friesenhahn, Verfassungsgerichtsbarkeit S. 28.
[6] Scheuner, Recht — Staat — Wirtschaft III S. 140; Politische Treupflicht S. 67.
[7] Friesenhahn, Recht — Staat — Wirtschaft III S. 61.
[8] BVerfGE 5, 85 (139).
[9] Grewe, Die Bürgerrechte 1950, 39 ff.; Wynecken, Die Bürgerrechte 1950, 42 ff. Vgl. auch von Mangoldt, Art. 18 Erl. 2 (S. 14); von Mangoldt-Klein, Art. 18 Erl. II 2; ferner Füßlein, Versammlungsgesetz S. 12.

verficht es den Grundsatz der Selbsterhaltung und Selbstverteidigung[10] und setzt Intoleranz gegen Intoleranz[11]. Es hat sich vom „staatlichen Wertneutralismus"[12] und der „Indifferenz gegenüber allen politischen Ideenrichtungen"[13] losgesagt und die „Demokratie als Selbstmord"[14] abgeschafft[15]. Deshalb ist es ausgeschlossen, daß der Sinn des Art. 18 GG dahingeht, überhaupt eine — wie auch immer geartete — Bekämpfung oberster Verfassungsprinzipien zuzulassen. Außerdem wäre es kaum denkbar, wie man sich einen mißbräuchlichen und einen ihm gegenüberstehenden „normalen" Kampf vorstellen sollte. Es müßten zu den gewöhnlichen Aggressionen gegen die freiheitliche demokratische Grundordnung noch besondere Umstände hinzutreten, die sie zu einem Mißbrauch von Grundrechten stempeln würden. Da aber schon der bloße Kampf gefährlich genug ist, darf das Kampfverbot nicht erst bei Hinzutritt zusätzlicher den Mißbrauch begründender Momente einsetzen.

Demgemäß ist jeder Gebrauch eines der in Art. 18 S. 1 GG genannten Grundrechte ein Mißbrauch, wenn er sich gegen die freiheitliche demokratische Grundordnung richtet[16].

Es wird deshalb häufig die Meinung vertreten, diese Bestimmung bediene sich überflüssigerweise des Ausdrucks „mißbraucht". Es hätte genügt, die Rechtsfolge der Verwirkung an den Gebrauch der dort genannten Grundrechte zu dem staatsfeindlichen Kampfziel zu knüpfen. Die unnötige Verwendung des Mißbrauchs enthalte demgemäß nur eine mißbilligende und herab-

---

[10] Trubel-Hainka, Versammlungsrecht § 1 VersG Erl. 7 a.
[11] Wernicke, BK Art. 18 Erl. II vor 1.
[12] Maunz-Dürig, Art. 2 I Rdnr. 86.
[13] Grewe, Politische Treupflicht S. 42.
[14] Herrenchiemsee-Bericht, S. 22, 90.
[15] Zum ganzen vgl. Kägi, Die Verfassung als rechtliche Grundordnung des Staates (1945) S. 64 ff.; Apelt, Geschichte der Weimarer Verfassung (1946) S. 314 f.; Wegener, S. 32; Nawiasky-Leusser, Die Verfassung des Freistaates Bayern (1948), Erl. zu Art. 15; Thoma, Recht — Staat — Wirtschaft I S. 33; Die Lehrfreiheit der Hochschullehrer (1952) S. 25 f.; Jahrreiss, Thoma-Festschrift S. 71 ff.; Scheuner, Kaufmann-Festgabe S. 315 ff.; Politische Treupflicht S. 67 ff.; BayVBl 1963, 65 sub 1, 68 sub 5; Grewe, Politische Treupflicht S. 42 ff.; Leibholz DVBl 1951, 557; Klemmer, S. 1 f.; von Mangoldt-Klein, Art. 18 Erl. II 1, 2; Wintrich, Zur Problematik der Grundrechte (1957) S. 10 ff.; Maunz-Dürig, Art. 2 I Rdnr. 86; Art. 18 Rdnr. 4 ff.; Evers, Privatsphäre und Ämter für Verfassungsschutz (1960) S. 1 ff.; Gallwas, S. 105 ff.; Schmitz, S. 1 ff.; Hönsch, S. 42 ff.; Ridder, DÖV 1963, 323 f. S. auch BVerfGE 5, 85 (137 f., 139); 10, 118 (123).
[16] Wernicke, BK Art. 18 Erl. II 1 c α (Die doppelte Verwendung des Wortes „Grundrechtsmißbrauch" beruht zweifellos auf einem Druckfehler. Beim zweiten Mal muß es offensichtlich „Grundrechtsgebrauch" heißen.); von Weber, 38. DJT E 11; Kessler, S. 33; Herbert Krüger, DVBl 1953; 98 Anm. 24; von Mangoldt, Art. 18 Erl. 2 (S. 115); Klemmer, S. 12; Lechner, BVerfGG § 13 Nr. 1 Erl. 3; wohl auch Ridder, Grundrechte II S. 289, 290; von Mangoldt-Klein, Art. 18 Erl. III 4 c; Hamann, Art. 18 Erl. B 4; Dürig, JZ 1952, 516 sub V 1; Hartmann, S. 119; Füchtenbusch, S. 58, 98; Gallwas, S. 170, 172; Schmitz, S. 37, 77; Maunz, Deutsches Staatsrecht § 15 II 1 b; Maunz-Dürig, Art. 18 Rdnr. 36.

setzende Bewertung der Grundrechtsausübung[17]. Dieser Vorwurf der Benutzung überflüssiger Termini, der dem Verfassungsgeber gemacht wird, ist indes unberechtigt und beruht auf einer Verkennung der Bedeutung des Mißbrauchs. Mißbräuchliche Geltendmachung eines Rechts liegt immer dann vor, wenn von einem Recht zu einem Zweck Gebrauch gemacht wird, für den das Recht nicht geschaffen und gewährt worden ist[18]. Rein äußerlich gesehen liegt zwar eine Ausübungshandlung vor, d. h. ein Verhalten, das als Inhaltsverwirklichung des Rechts gelten kann. In Wahrheit aber ist ein derartiger funktionswidriger Rechts„gebrauch" Rechtsmißbrauch[19], der die dem subjektiven Recht von der Rechtsordnung gesetzten, geschriebenen oder ungeschriebenen, Schranken überschreitet und daher nur scheinbare Ausübung des Rechts, Handeln ohne Recht ist[20].

Weil das Grundgesetz ebenfalls davon ausgeht, daß der Gebrauch der in Art. 18 S. 1 genannten Grundrechte zum Kampfe gegen die freiheitliche demokratische Grundordnung unzulässig und verboten ist, tat es recht daran, statt des Ausdrucks „Gebrauch" den des „Mißbrauchs" zu wählen; denn der Gebrauch eines Rechts setzt stets voraus, daß der Rechtsträger es hat und auch ausüben darf, während beim Mißbrauch die Schranken des Rechts überschritten werden.

Alle Handlungen sind somit verboten, die unter Verwendung eines der Grundrechte des Art. 18 S. 1 GG darauf abzielen, die freiheitliche demokratische Grundordnung ganz oder teilweise zu beseitigen, denn zu deren Beseitigung oder Beeinträchtigung sind die Grundrechte nicht gewährt worden[21].

2. Die einzelnen Merkmale des Grundrechtsmißbrauchs

Jedoch genügt es nicht, wenn die mißbräuchlichen Handlungen lediglich eine objektive Gefährdung für die freiheitliche demokratische Grundordnung mit sich bringen[22]. Vielmehr ergibt sich aus der Wendung „zum Kampfe ... mißbraucht", daß der Täter subjektiv den Willen zur Beeinträchtigung oder Beseitigung dieser Grundordnung haben

---

[17] Wernicke, BK Art. 18 Erl. II 1 c α; Dürig, JZ 1952; 516 Anm. 33; Hlawaty, S. 53 Anm. 1; Kessler, S. 33; Herbert Krüger, DVBl 1953, 98 Anm. 24; Klemmer, S. 12; Lechner, BVerfGG § 13 Nr. 1 Erl. 3; von Mangoldt-Klein, Art. 18 Erl. III 4 c; Hartmann, S. 119; Schmitz, S. 37; Maunz-Dürig, Art. 18 Rdnr. 36.
[18] Siebert, Verwirkung S. 77; Wernicke, BK Art. 18 Erl. II 1 c α; Herbert Krüger, DVBl 1953, 98; Trubel-Hainka, Versammlungsrecht § 1 VersG Erl. 7 c; Klemmer, S. 13.
[19] Siebert, Verwirkung S. 98; Vom Wesen des Rechtsmißbrauchs S. 203; Klemmer, S. 13, 17 ff.
[20] Siebert, Vom Wesen des Rechtsmißbrauchs S. 203; Klemmer, S. 18; Soergel-Siebert, Rdnr. 12 vor § 226.
[21] Nach Ridder, Gewerkschaften S. 14, sollen nur bestimmte, aber nicht alle Angriffe auf die freiheitliche demokratische Grundordnung illegal sein. Jedoch fehlen Begründung und Abgrenzungskriterien.
[22] Hamann, Art. 18 Erl. B 4; Füchtenbusch, S. 99.

muß[23]. Die Unzulässigkeit des Grundrechtsgebrauchs beruht gerade auf dem Ziel, das mit dem Mißbrauch erstrebt wird[24]. Der Ausdruck „zum Kampf" hat aber auch einen instrumentalen Sinn[25], da die Grundrechte beim Kampf verwendet werden.

Unter Kampf ist nicht nur und nicht einmal in erster Linie der Einsatz von Gewalt zu verstehen[26]. Wie sich aus der Aufzählung der Grundrechte ergibt, sieht die Verfassung insbesondere den Kampf mit geistigen Waffen als sehr gefährlich an[27]. Es muß sich aber stets um kämpferische auf Beseitigung oder Beeinträchtigung der freiheitlichen demokratischen Grundordnung ausgehende Betätigungen handeln. Kritik, die sich darauf beschränkt, diese Grundordnung einer Prüfung zu unterziehen, und dabei zu einem sie abwertenden Ergebnis kommt, wird von Art. 18 GG nicht untersagt. Ob es sich um positive oder sogenannte zersetzende Kritik handelt, ist gleichgültig[28]. Erst wenn im Wege „zersetzender Agitation"[29] auf andere bewußt derart eingewirkt wird, daß sie nach dem Willen des Äußernden Maßnahmen zur Beseitigung oder Beeinträchtigung der freiheitlichen demokratischen Grundordnung ergreifen sollen, wird die Kampfgrenze überschritten. Dabei kommt es auch nicht darauf an, ob die Personen, auf die dergestalt Einfluß genommen wird, ihrerseits Gewaltakte vornehmen sollen. Es genügt — wie bei der strafrechtlichen Kettenanstiftung —, daß sie die empfangenen verfassungsfeindlichen Impulse auf rein intellektuellem Wege weitergeben sollen.

---

[23] Wernicke, BK Art. 18 Erl. II 1 c α; Dürig, JZ 1952, 516 sub V 2; Geiger, BVerfGG Vorb. 7 vor § 36; Hlawaty, S. 55 ff.; Kessler, S. 61, 70; von Weber, JZ 1953, 294; Lechner, BVerfGG § 13 Nr. 1 Erl. 3; Hamann, Art. 18 Erl. B 4; Reisnecker, S. 211 Anm. 1; Füchtenbusch, S. 58, 59, 98 f.; Gallwas, S. 179; Hönsch, S. 53; Maunz-Dürig, Art. 18 Rdnr. 37; Geiger, Hlawaty und von Weber — jeweils a.a.O. — verlangen sogar eine Schuld im strafrechtlichen Sinne, während sich von Mangoldt-Klein, Art. 18 Erl. III 4 a, und Schmitz, S. 77, mit der bloßen objektiven Zweckrichtung der Kampfhandlung begnügen.
[24] Wernicke, BK Art. 18 Erl. II 1 c α; Kessler, S. 61; Trubel-Hainka, Versammlungsrecht § 1 VersG Erl. 7 c.
[25] Nach von Weber, 38. DJT E 15, hat der Tatbestand des Art. 18 GG überhaupt keinen finalen Sinn, sondern ausschließlich instrumentalen oder modalen Charakter.
[26] Schmitz, S. 74; Hönsch, S. 52.
[27] von Weber, 38. DJT E 11; Ridder, Grundrechte II S. 289; vgl. auch Gallwas, S. 170; Schmitz, S. 74; Hönsch, S. 53; Ridder, DÖV 1963, 323.
[28] Anders Koellreutter, Deutsches Staatsrecht (1953) S. 60, nach dem zersetzende Kritik von Art. 18 GG erfaßt wird. Ähnlich unterscheidet von Weber, 38. DJT E 15, zwischen gesunder und ehrlicher Kritik und demagogischer Hetze.
[29] Ritter von Lex, DÖV 1960, 282.

II. Das Kampfziel

1. Die freiheitliche demokratische Grundordnung im Grundgesetz

Welche verfassungsfeindlichen Handlungen mit dem Makel des Mißbrauchs behaftet sind, hängt von dem Gehalt und dem Umfang des Kampfziels ab. Schutzobjekt oder geschütztes Rechtsgut des Art. 18 GG ist die freiheitliche demokratische Grundordnung[30]. Dieser Begriff, der außerdem noch in den Art. 21 II 1 und 91 I GG verwendet wird[31], ist weder vom Grundgesetz noch vom Bundesverfassungsgerichtsgesetz definiert worden. In § 35 des Referentenentwurfs zum Bundesverfassungsgerichtsgesetz wurde allerdings der Versuch einer Umschreibung gemacht, jedoch verzichtete die endgültige Fassung auf eine Definition, da ein einfaches Gesetz nicht in der Lage sei, die Verfassung verbindlich zu interpretieren[32]. Die Auslegung ist deshalb darauf angewiesen, das Rechtsgut des Art. 18 GG aus dem Grundgesetz selbst zu ermitteln[33].

2. Der Begriff der freiheitlichen demokratischen Grundordnung in Art. 18 GG

Art. 18 GG verbietet den Kampf gegen eine durch die beiden Adjektive „freiheitlich" und „demokratisch" und durch das Substantiv „Grund" näher umrissene Ordnung. Ordnung steht im Gegensatz zur Welt der Realität, die einer Ordnung unterworfen ist oder unterworfen werden kann. Nicht tatsächliche Zustände des staatlichen Lebens werden unter besonderen verfassungsrechtlichen Schutz gestellt, sondern sie überwölbende und bestimmende Prinzipien und Regeln, d. h. die Ordnung tatsächlicher Zustände[34]. Eine solche Ordnung im Sinne des Art. 18 GG kann nur eine normative, eine Rechtsordnung sein. Das Grundgesetz trifft dabei unter den in Frage kommenden Rechtssätzen, die schutzwürdige Bestandteile einer Normativordnung sein könnten, eine Auswahl, indem es die Ordnung als „Grundordnung" bezeichnet. Lediglich ein enger Kreis von Normen, der aus fundamentalen oder

---

[30] Kessler, S. 22; Klemmer, S. 8; Maunz-Dürig, Art. 21 Rdnr. 114.
[31] Unrichtig Ridder, Gewerkschaften S. 12, nach dem „das GG nur in den beiden Bestimmungen der Art. 18 und 21 Abs. 2 Satz 1 die Freiheitlichkeit seiner Demokratie sprachlich unterstreicht".
[32] Geiger, BVerfGG Vorb. 6 vor § 36
[33] Scheuner, BayVBl 1963, 66. Vgl. zum ganzen Ridder, Gewerkschaften S. 12 ff.
[34] Vgl. Scheuner, Kaufmann-Festgabe S. 324 f.; Hamann NJW 1962, 1847 sub 5 a. Im Gegensatz dazu verbieten die Art. 17 und 18 hessVerf die Bekämpfung des verfassungsmäßigen Zustandes.

grundlegenden Vorschriften besteht[35], soll des erhöhten verfassungsrechtlichen Schutzes teilhaftig werden und auch das nur, wenn und soweit er durch die Merkmale der Freiheitlichkeit und der Demokratie ausgezeichnet wird. Daher gehören nicht alle Vorschriften des Grundgesetzes zur „freiheitlichen demokratischen Grundordnung"[36].

3. Ihre Bestandteile

Es gilt somit, aus dem Normenbestand der Verfassung die Vorschriften herauszufinden, die den genannten Kriterien genügen. Dabei empfiehlt es sich, insbesondere jene Sätze des Grundgesetzes zu beachten, denen es selbst ersichtlich überragende Bedeutung beimißt; dies sind die Art. 1, 20, 21, 28 und 79[37].

A. Die Grundrechte

Bei systematischer Betrachtung des Grundgesetzes ergibt sich, daß der Abschnitt „Die Grundrechte" besondere Bedeutung genießt[38]. Dies folgt einerseits daraus, daß der Verfassungsgeber ihn im Gegensatz zur Weimarer Verfassung, die die Grundrechte und Grundpflichten der Deutschen im zweiten Hauptteil in den Art. 109 ff. behandelte, an den Anfang gestellt und andererseits nach Erwähnung der Menschenwürde in Art. 1 I GG ein Bekenntnis zu den auch für den Staat verbindlichen Menschenrechten abgelegt hat. Damit werden sicher nicht alle einzelnen Grundrechte zu Bestandteilen der freiheitlichen Komponente der Grundordnung, wohl aber die Institution der Grundrechte[39]. Wer nur die Beseitigung des Postgeheimnisses erstrebt oder für weitere Ein-

---

[35] Vgl. auch die etwas abweichenden Formulierungen von Wernicke, BK Art. 18 Erl. II 1 d β, 21 Erl. II 2 b α; Leibholz, DVBl 1951, 554 ff.; Scheuner, Politische Treupflicht S. 69; von Mangoldt-Klein, Art. 18 Erl. III 4 b; Maunz-Dürig, Art. 21 Rdnr. 114; Hönsch, S. 54.

[36] Geiger, BVerfGG Vorb. 6 vor § 36; von Mangoldt-Klein, Art. 18 Erl. III 4 b; Hamann, Art. 18 Erl. B 3; Scheuner, BayVBl 1963, 66.

[37] Vgl. Scheuner, Kaufmann-Festgabe S. 324; Wernicke, BK Art. 18 Erl. II 1 d β. Maunz-Dürig, Art. 18 Rdnr. 48 ff. versuchen dagegen im Subtraktionswege den Begriff der freiheitlichen demokratischen Grundordnung zu ermitteln, „also durch Abzug dessen, was nach früherem und gegenwärtig fremdem totalitärem Anschauungsunterricht bei uns n i c h t Rechtens sein soll".

[38] Scheuner, Kaufmann-Festgabe S. 323; Hamann Vorb. 1 vor Art. 1; Häberle, Die Wesensgehaltgarantie des Art. 19 Abs. 2 des Grundgesetzes (1962) S. 4 f., 17 ff.

[39] Wernicke, BK Art. 18 Erl. II 1 d β; Scheuner, Kaufmann-Festgabe S. 323; Politische Treupflicht S. 69; BayVBl 1963, 66; Leibholz, DVBl 1951, 557; Grewe, Politische Treupflicht S. 43; Geiger, BVerfGG Vorb. 6 vor § 36; Kessler, S. 80; Klemmer, S. 9; Maunz-Dürig, Art. 21 Rdnr. 114; Hamann, Vorb. 1 vor Art. 1, Art. 18 Erl. B 3; Ridder, Gewerkschaften, S. 13; Schmitz, S. 71; Hönsch, S. 55 f.

griffsmöglichkeiten in das Eigentum eintritt, als sie Art. 14 i. V. mit Art. 19 II GG zuläßt, vergeht sich noch nicht gegen Art. 18 GG — anders als derjenige, der die Abschaffung aller oder doch der meisten Grundrechte verlangt. Dabei mag es allerdings einige Grundrechte geben, deren isolierte Beseitigung schon nicht begehrt werden darf wie etwa den Gleichheitssatz[40], die Meinungs- und Pressefreiheit[41], das Privateigentum und das prozessuale Grundrecht des Art. 19 IV GG.

B. Art. 20, 21 GG

Weiterhin und vor allen Dingen ist der in Art. 20 I, II GG ausgesprochene Grundsatz der Volkssouveränität geschützt[42]. Unbedenklich wird man auch das Prinzip der Gewaltenteilung[43] (Art. 20 II 2, 92 GG) und das der Bindung der öffentlichen Gewalt an Gesetz und Recht bzw. die verfassungsmäßige Ordnung[44] (Art. 20 III, 97 I GG) als Bestandteile der freiheitlichen Grundordnung ansehen können, denn es handelt sich nicht (nur) um Organisations- und Verfahrensregeln, sondern (hauptsächlich) um Grundsätze, die der Freiheit der Bürger dienen sollen. Die verfassungsrechtliche Inkorporierung der Parteien nach Art. 21 GG einschließlich des Rechts auf Bildung einer politischen Opposition gehört ebenfalls zu den Fundamentalnormen[45], da eine moderne Demokratie auf Parteien angewiesen ist.

C. Art. 28 GG

Insbesondere wird man auch aus der Betrachtung des Art. 28 GG Gewinn für die Auslegung des Begriffs der freiheitlichen demokratischen Grundordnung des Art. 18 GG ziehen können. Abs. I S. 1 zwingt die Länder, ihre Verfassungen demokratisch, sozial- und rechtsstaatlich sowie republikanisch zu gestalten und zu halten. Daraus läßt sich der Schluß ziehen, daß diese vier Grundsätze vom Grundgesetz für beson-

---

[40] Leibholz DVBl 1951, 556; Schmitz, S. 69.
[41] Über deren Bedeutung vgl. BVerfGE 5, 85 (134); 7, 198 (204 f., 208); 7, 230 (234); 8, 104 (115); 10, 118 (121); 12, 113 (125); 12, 205 (259 f.); BVerfG NJW 1962, 2243; 1963, 147.
[42] Scheuner, Kaufmann-Festgabe S. 324; Politische Treupflicht S. 69; BayVBl 1963, 66; Grewe, Politische Treupflicht S. 43; Leibholz, DVBl 1951, 556; Kessler, S. 79; Klemmer, S. 9; Hamann, Art. 18 Erl. B 3; Schmitz, S. 66, 71; Hönsch, S. 56.
[43] Scheuner, Kaufmann-Festgabe S. 324; BayVBl 1963, 66; Kessler, S. 79; Klemmer, S. 9; Hamann, Art. 18 Erl. B 3; Schmitz, S. 71; Hönsch, S. 57.
[44] Scheuner, Kaufmann-Festgabe S. 324; Kessler, S. 82; Klemmer, S. 9; Hamann, Art. 18 Erl. B 3; Schmitz, S. 71; Hönsch, S. 57.
[45] Scheuner, Kaufmann-Festgabe S. 324; Leibholz, DVBl 1951, 558; Kessler, S. 81; Klemmer, S. 9; Hesse, VVDStRL 17 (1959), 46; Hamann, Art. 18 Erl. B 3; Ridder, Gewerkschaften S. 13; Schmitz, S. 71; Hönsch, S. 57.

ders wichtig erachtet werden. Demokratie, Sozial-[46] und Rechtsstaatlichkeit[47] sind teils Bestandteil der demokratischen, teils der freiheitlichen Grundordnung.

Die aufgezählten freiheitlichen und demokratischen Grundnormen lassen sich mitunter noch weiter untergliedern, so daß deren Elemente ebenfalls des Schutzes des Art. 18 GG teilhaftig werden. Das Rechtsstaatsprinzip enthält etwa auch den Grundsatz der Unanhängigkeit der Gerichte[48].

D. Art. 79 III GG

Weiterhin ergeben sich wichtige Teilfundamentalnormen aus Art. 79 III GG. Grundsätze, die die Verfassung selbst als unabänderlich einem „Ewigkeitsgebot" unterstellt, müssen zu ihnen gehören[49]. Daher sind auf jeden Fall die Prinzipien der Art. 1 und 20 GG durch das Angriffsverbot geschützt, denn sie dienen zum Teil der Freiheit der Bürger, zum anderen Teil sind sie Ausdruck der Demokratie.

E. Das Bundesstaatsprinzip?

Fraglich ist dagegen, ob das Bundesstaatsprinzip zur freiheitlichen Grundordnung gehört. Aus seiner mehrfachen Erwähnung in Art. 79 III GG ergibt sich, daß es vom Grundgesetz für besonders bedeutend gehalten wird. Es ist also jedenfalls Bestandteil der grundgesetzlichen Grundordnung[50]. Dagegen wird man es als Organisationsregel des staatlichen Aufbaus nicht als Ausfluß der Demokratie oder der Freiheitlichkeit ansehen können. Wenn auch die Aufteilung obrigkeitlicher Machtfülle durch den Föderalismus zum Vorteil des Bürgers gefördert werden mag[51], so dient er doch allenfalls nur sekundär der Freiheit der Bürger und ordnet primär den Aufbau des Staates. Zur freiheitlichen demokratischen Grundordnung kann er daher nicht gerechnet werden[52].

---

[46] Scheuner, Politische Treupflicht S. 69; Hamann, Art. 18 Erl. B 3; a. A. Schmitz, S. 73.
[47] Scheuner, Politische Treupflicht S. 69; BayVBl 1963, 66; Klemmer, S. 9; Hamann, Art. 18 Erl. B 3; Schmitz, S. 71; Hönsch, S. 57.
[48] Hamann, Art. 18 Erl. B 3.
[49] Scheuner, Kaufmann- Festgabe S. 324.
[50] Scheuner, Kaufmann-Festgabe S. 324.
[51] Vgl. dazu BVerfGE 12, 205 (229); Hans Peters, Die Gewaltentrennung in moderner Sicht (1954) S. 23 ff., 31 ff.; Werner Weber, Festschrift für Carl Schmitt (1959) S. 267; Hesse, Der unitarische Bundesstaat (1962) S. 26 ff.; Menger, Landesrecht vor Bundesgerichten (1962) S. 22 ff.; Scheuner, DÖV 1962, 645 f.
[52] Schafheutle, JZ 1951, 612; Kessler, S. 76; Klemmer, S. 11; Maunz-Dürig, Art. 21 Rdnr. 114; Hamann, Art. 18 Erl. B 3; Hönsch, S. 58; a. A. Scheuner, Kaufmann-Festgabe S. 324; Politische Treupflicht S. 69.

F. Das republikanische Prinzip?

Das gleiche gilt für die republikanische Staatsform[53]. Zwar unterwirft sie Art. 79 III GG mit seiner Verweisung auf Art. 20 I GG ebenfalls der Unabänderlichkeit und macht sie auf diese Weise zu einem Element der verfassungsrechtlichen Grundordnung. Doch ist das republikanische Prinzip weder, wie das englische Beispiel der parlamentarischen Monarchie zeigt, unlöslich mit der Demokratie verbunden, noch stärkt es die Freiheit des einzelnen. Es wird daher nicht vom Kampfverbot des Art. 18 GG betroffen.

4. Die Definition des Bundesverfassungsgerichts

Das Bundesverfassungsgericht hat im SRP-Urteil[54] eine Umschreibung der freiheitlichen demokratischen Grundordnung gegeben, die die oben genannten Grundsätze wie folgt zusammenfaßt:

So läßt sich die freiheitliche demokratische Grundordnung als eine Ordnung bestimmen, die unter Ausschluß jeglicher Gewalt- und Willkürherrschaft eine rechtsstaatliche Herrschaftsordnung auf der Grundlage der Selbstbestimmung des Volkes nach dem Willen der jeweiligen Mehrheit und der Freiheit und Gleichheit darstellt. Zu den grundlegenden Prinzipien dieser Ordnung sind mindestens zu rechnen: die Achtung vor den im Grundgesetz konkretisierten Menschenrechten, vor allem dem Recht der Persönlichkeit auf Leben und freie Entfaltung, die Volkssouveränität, die Gewaltenteilung, die Verantwortlichkeit der Regierung, die Gesetzmäßigkeit der Verwaltung, die Unabhängigkeit der Gerichte, das Mehrparteienprinzip und die Chancengleichheit für alle politischen Parteien mit dem Recht auf verfassungsmäßige Bildung und Ausübung einer Opposition.

Diese Aufzählung hat allgemein Beifall gefunden[55]; bedenklich an ihr ist jedoch die Erwähnung der — parlamentarischen — Verantwortlichkeit der Regierung, denn eine derartige Verantwortlichkeit wird vom demokratischen Prinzip nicht zwingend erfordert, wie an der Verfassung der Vereinigten Staaten deutlich wird[56].

---

[53] Hamann, Art. 18 Erl. B 3; Maunz-Dürig, Art. 21 Rdnr. 114; Hönsch, S. 58; a. A. Scheuner, Politische Treupflicht S. 69.
[54] BVerfGE 2, 1 (12 f.). Im KPD-Urteil (E 5, 85 [140]) hat es diese Ausführungen wörtlich wiederholt.
[55] Geiger, BVerfGG Vorb. 6 vor § 36; Echterhölter, JZ 1953, 657 sub 1; v. d. Heydte, Grundrechte II S. 489; Lechner, BVerfGG § 13 Nr. 1 Erl. 3; Ruhrmann, NJW 1956, 1817; von Mangoldt-Klein, Art. 18 Erl. III 4 b; Maunz-Dürig, Art. 21 Rdnr. 114; Hamann, Art. 18 Erl. B 3; Reisnecker, S. 107, 207 Anm. 2; Füchtenbusch, S. 98; Schmitz, S. 72; Hönsch, S. 58.
[56] Vgl. auch Maunz-Dürig, Art. 21 Rdnr. 114 Anm. 3.

5. Freiheitliche demokratische Grundordnung und Strafrecht

Der Normenbestand, der den Begriff der freiheitlichen demokratischen Grundordnung ausfüllt, wird teilweise auch durch strafrechtliche Vorschriften geschützt[57]. Der die obersten strafrechtlich bewehrten Verfassungsprinzipien aufzählende § 88 II StGB[58] kann daher als Auslegungshilfe für Art. 18 GG herangezogen werden[59]. Er deckt sich jedoch nicht völlig mit der freiheitlichen demokratischen Grundordnung[60], denn er enthält weder das Sozialstaatsprinzip noch ausdrücklich das Institut der Grundrechte[61]. Auch geht er mit seinem Schutzbereich insofern über Art. 18 GG hinaus, als er in Nr. 1 den Grundsatz der Unmittelbarkeit der Parlamentswahl nennt[62] und in Nr. 4 die parlamentarische Verantwortlichkeit der Regierung aufführt, die, wie erwähnt[63], keineswegs unlöslich mit dem demokratischen Gedanken verbunden ist[64].

6. Beseitigung und Beeinträchtigung der freiheitlichen demokratischen Grundordnung

Der Täter des Art. 18 GG braucht nicht die gesamte freiheitliche demokratische Grundordnung zu bekämpfen. Es genügt, wenn er darauf ausgeht, eine oder mehrere ihrer Komponenten zu beseitigen oder einzuschränken[65]. Der Kampf gegen einen Teil richtet sich auch gegen die Gesamtheit, denn, da diese Grundordnung nur aus wenigen Fundamentalsätzen besteht, wird sie entscheidend geändert und geschwächt, sobald eine Grundnorm hinwegfällt. Hinzu kommt, daß die mit Art. 18 GG verwandte[66] Staatsschutzbestimmung des Art. 21 GG

---

[57] Vgl. dazu Scheuner, BayVBl 1963, 66.
[58] Über dessen gesetzgeberische Motive vgl. Schafheutle, JZ 1951, 612.
[59] Geiger, BVerfGG Vorb. 6 vor § 36; Echterhölter, JZ 1953, 657; Hlawaty, S. 50, 52; Klemmer, S. 9; Hamann, Art. 18 Erl. B 3; Schmitz, S. 75; Hönsch, S. 55; Maunz-Dürig, Art. 18 Rdnr. 53.
[60] BGHSt 7, 222 (227); Schafheutle, JZ 1951, 612; Echterhölter, JZ 1953, 657; Hlawaty, S. 51; Hamann, Art. 18 Erl. B 3; a. A. Dürig, JZ 1952, 516.
[61] Die Grundrechte lassen sich aber wohl unter den „Ausschluß jeder Gewalt- und Willkürherrschaft" in § 88 II Nr. 6 StGB subsumieren. So auch Dürig, JZ 1952, 516; zweifelnd Löffler, Presserecht S. 524 Rdnr. 14.
[62] Vgl. dazu BGHSt 7, 222 (227); Willms, Staatsschutz S. 19; Maunz-Dürig, Art. 18 Rdnr. 54. Dagegen enthält der dem § 88 II Nr. 1 StGB entsprechende § 380 II Nr. 1 des StGB-Entwurfs 1962 (BT-DrS. 650/IV) den Grundsatz der Unmittelbarkeit der Wahl nicht mehr, weil er nicht unabdingbarer Bestandteil der freiheitlichen demokratischen Grundordnung sei (vgl. die Begründung zu § 380 a.a.O.).
[63] Vgl. oben § 3 II 4.
[64] S. auch Willms, Staatsschutz S. 19; Maunz-Dürig, Art. 18 Rdnr. 54.
[65] Wernicke, BK Art. 18 Erl. II 1 d; Kessler, S. 72; Hamann, Art. 18 Erl. B 3; Schmitz, S. 77; Ridder, DÖV 1963, 327.
[66] BVerfGE 10, 118 (123); Hamann, Art. 18 Erl. A 2.

ausdrücklich der Beseitigung der freiheitlichen demokratischen Grundordnung deren Beeinträchtigung gleichstellt. Wenn die Parteien einem solchen Verbot der Beeinträchtigung unterliegen[67], kann für den individuellen Verfassungsfeind nichts anderes gelten.

7. Die freiheitliche demokratische Grundordnung und der Bestand der Bundesrepublik

Im Gegensatz zu Art. 21 II 1 und 91 I GG schützt Art. 18 GG seinem Wortlaut nach nur die freiheitliche demokratische Grundordnung und nicht auch den Bestand der Bundesrepublik bzw. des Bundes. Die Nichterwähnung des Bestandes der Bundesrepublik Deutschland dürfte trotz mancher Bedenken angesichts der terminologischen Großzügigkeit des Grundgesetzes[68] wohl nicht auf einem Redaktionsversehen beruhen, da Art. 18 GG mit den beiden anderen Vorschriften — zumindest aber mit Art. 21 GG — in engem sachlichem Zusammenhang steht und deshalb eine gegenseitige Abstimmung der Normen wahrscheinlich ist. Dennoch wird auch derjenige, der die Bundesrepublik ganz oder teilweise ihrer Selbständigkeit berauben oder einen Teil des Bundesgebietes loslösen will[69], vom Kampfverbot des Art. 18 GG betroffen[70], da die freiheitliche demokratische Grundordnung nicht wirksamer als durch Beseitigung des Bestandes der Bundesrepublik vernichtet werden kann. Abgesehen davon, daß eine Verfassung zugleich mit dem von ihr „verfaßten" Staat untergeht, schließt eine Fremdherrschaft sowohl Demokratie wie Freiheit aus. Bei äußerer Unfreiheit haben die Beherrschten weder das Recht der Selbstbestimmung noch eine Gewähr dafür, daß die fremden Herrscher ihre Freiheit respektieren.

8. Die freiheitliche demokratische Grundordnung des Bundes und der Länder

Zweifelhaft kann sein, ob nur die freiheitliche demokratische Grundordnung des Bundes oder auch die der Länder den Schutz des Art. 18 GG genießt. Daß insoweit ein Unterschied besteht oder be-

---

[67] Vgl. dazu von Mangoldt-Klein, Art. 21 Erl. VII 2; Maunz-Dürig, Art. 21 Rdnr. 116.

[68] Man denke nur an die zu Zweifeln Anlaß gebende Verwendung der Begriffe „verfassungsmäßige Ordnung" in Art. 9 II GG und „freiheitliche demokratische Grundordnung" in Art. 18 S. 1, 21 II 1 GG. Vgl. dazu Willms, Staatsschutz S. 18.

[69] So die Umschreibung des Begriffs der „Beeinträchtigung des Bestandes der Bundesrepublik Deutschland" in § 88 I 1 StGB. Ähnlich auch Maunz-Dürig, Art. 21 Rdnr. 118; anders aber von Mangoldt-Klein, Art. 21 Erl. VII 3.

[70] A. A. Copić, JZ 1963, 497.

stehen kann, wird an § 80 I Nr. 1 StGB besonders deutlich, der zwischen der „auf dem Grundgesetz der Bundesrepublik Deutschland oder der Verfassung eines ihrer Länder beruhende(n) verfassungsmäßige(n) Ordnung" unterscheidet. Art. 28 I 1, III GG sieht ebenfalls die verfassungsmäßige Ordnung in den Ländern als eine von der des Bundes verschiedene an. Da aber Art. 91 I GG ausdrücklich der freiheitlichen demokratischen Grundordnung des Bundes die der Länder gegenüberstellt, kann im Wege des Gegenschlusses angenommen werden, daß Art. 18 S. 1 und 21 II 1 GG nur die erstere meinen[71]. Auch Art. 28 GG steht dem nicht entgegen. Diese Vorschrift weist dem Bund ein Wächteramt hinsichtlich der Landesverfassungen zu und verpflichtet ihn, für ein bestimmtes verfassungsrechtliches Minimum bei seinen Gliedstaaten zu sorgen. Zudem gewährt ihm Art. 73 Nr. 10 GG die ausschließliche Gesetzgebungsbefugnis über „die Zusammenarbeit des Bundes und der Länder ... in Angelegenheiten des Verfassungsschutzes", von der er in seinem Gesetz vom 27. 9. 1950 (BGBl I S. 682) auch Gebrauch gemacht hat. Der Bund ist also an einer gewissen konstitutionellen Homogenität seiner Teilstaaten interessiert und auf die Wahrung ihrer verfassungsrechtlichen Grundlagen bedacht. Das bedeutet jedoch nicht, daß jeder Kampf gegen die freiheitliche demokratische Grundordnung eines Landes zugleich auch immer eine Aggression gegenüber der des Bundes darstellt. Art. 28 GG geht vielmehr von einer grundsätzlichen Trennung von Bundes- und Landesverfassung aus und stellt nur eine Klammer zwischen beiden Verfassungsebenen dar. Etwaige Konkurrenzprobleme werden sich im allgemeinen dadurch lösen, daß die Bekämpfung einer landesverfassungsrechtlichen Grundordnung zugleich das bundesrechtliche Kampfobjekt des Art. 18 S. 1 GG tangieren wird. Nur wenn und soweit das nicht der Fall ist[72], scheidet eine Verwirkung von Grundrechten nach dem Grundgesetz aus[73].

III. Das Verhältnis des Art. 18 GG zu Art. 79 III GG

Die hier vorgenommene Auslegung des Tatbestandes des Art. 18 S. 1 GG stößt freilich auf eine Schwierigkeit, die sich aus Art. 79 III GG ergibt. Diese Vorschrift schließt einen bestimmten Kreis oberster Verfassungsprinzipien, die, bis auf den Föderalismus und die republikanische Staatsform, zur „freiheitlichen demokratischen Grundordnung"

---

[71] Zum Teil enthalten aber die Landesverfassungen dem Art. 18 GG ähnliche Vorschriften. Vgl. unten § 5 II 1 B.
[72] Eine solche isolierte Verfassungsbekämpfung hält Kessler, S. 22 f., auch für eine Gefährdung des Bundes, während Scheuner, BayVBl 1963, 67, ihren durchschlagenden Erfolg verneint.
[73] Nach Kessler, S. 22 f., schützt dagegen Art. 18 GG auch die freiheitliche(n) demokratische(n) Grundordnung(en) der Länder.

gehören, von der Abänderbarkeit aus. Eine Anzahl von Fundamentalnormen, die der freiheitlichen demokratischen Grundordnung zuzurechnen sind, wird jedoch nicht von Art. 79 III GG erfaßt: der Rechtsstaatsgedanke, der nur in Teilaspekten in Art. 1 und 20 GG enthalten ist, so daß etwa die Unabhängigkeit der Gerichte nur schwer dem Ewigkeitsgebot des Art. 79 III GG untergeordnet werden kann; die Mitwirkung der Parteien am politischen Leben und das Recht auf Bildung einer Opposition, sofern man sie nicht als Ausfluß des (modernen) demokratischen Gedankens verstehen will[74]. Auch besonders wichtige einzelne Grundrechte, die vom Kampfverbot des Art. 18 GG geschützt sind[75], werden nicht von Art. 79 III GG ergriffen.

Alle diese nicht unter Art. 79 III GG fallenden Grundsätze sind also nicht unabänderlich. Sie können daher legal im Wege der Verfassungsänderung abgeändert, eingeschränkt und beseitigt werden. Es erscheint indes eigenartig, daß zwar ihre Beseitigung verfassungsrechtlich zulässig sein soll, daß aber jede — wie auch immer geartete — Tätigkeit, die ein solches Ziel kämpferisch erstrebt, von Art. 18 GG verboten wird. Dieses Ergebnis ist jedoch unabweisbar, da zur Zeit des Inkrafttretens des Grundgesetzes die gewaltsame Änderung der verfassungsmäßigen Ordnung des Bundes[76] schon durch den damaligen Art. 143 I GG, der als Strafrechtsnorm im Verfassungsrang das Delikt des Hochverrats enthielt, untersagt war und Art. 18 GG daher den Sinn hatte, auch jede andere — nicht nur die gewaltsame — Veränderung des Bestandes der Vorschriften, die die freiheitliche demokratische Grundordnung ausmachen, zu verhindern[77].

Demgemäß stellte er einerseits eine dem Art. 79 III GG vorgelagerte Sperre dar, die schon das Hinstreben auf eine (unzulässige) Verfassungsänderung unterbindet. Zum anderen geht er aber über ihn hinaus, insoweit er Normen schützt, die gar nicht vom Änderungsverbot erfaßt werden. Art. 79 III GG wird also durch Art. 18 GG erweitert und ergänzt.

---

[74] So etwa Hesse VVDStRL 17 (1959), 46; Hamann, Art. 79 Erl. B 10.
[75] Vgl. oben § 3 II 3 A.
[76] Vgl. auch die entsprechenden Formulierungen der §§ 81 I Nr. 2 RStGB, 80 I Nr. 1 StGB.
[77] Vgl. dazu oben § 3 I.

Zweiter Abschnitt

Die Rechtsfolge des Grundrechtsmißbrauchs

§ 4: Die Verwirkung im allgemeinen

I. Sprachliche Bedeutung

Im heutigen Sprachgebrauch hat das Wort „Verwirkung", das Art. 18 GG in einer Verbalform zur Bezeichnung der sich an den Grundrechtsmißbrauch knüpfenden Rechtsfolge verwendet, (nur noch) zwei Bedeutungen. In einem weniger üblichen und im Veralten begriffenen Sinn bezeichnet es die Zuziehung eines Übels durch eigenes Verhalten[1]. Häufiger, jedoch nur in gewählter Sprache, findet sich das Verbum „verwirken" (bzw. das Substantiv „Verwirkung") als „durch eigene Schuld verlustig gehen, einbüßen"[2]. In beiden Formen war es ursprünglich ein Wort der Rechtssprache[3]. Im ersten Sinn wird es gebraucht, wenn jemand eine Strafe verwirkt, im zweiten, wenn ein Übeltäter sein Leben verwirkt. An diesem Beispiel wird zugleich klar, daß die zwei Bedeutungen eng miteinander verflochten sind. Gemeinsam ist ihnen, daß sie ein mißbilligtes menschliches Tun voraussetzen. Trennend wirkt erst die in Form der Verwirkung eintretende Folge[4], die sich dem Verhalten anschließt: Zwar ist sie in beiden Fällen dem Handelnden nachteilig[5]. Der Unterschied liegt aber darin, daß der Nachteil im zweiten Fall in der Entziehung eines dem Verwirkenden gehörenden Rechtsguts besteht, während im ersten jedes beliebige andere Übel als Folge eintreten kann.

---

[1] Sanders-Wülfing, Handwörterbuch der deutschen Sprache, 8. A. (1910), S. 784; Wesle in: Jacob und Wilhelm Grimm, Deutsches Wörterbuch, 12. Bd. 1. Abt. (1956) Sp. 2294 sub II 2; Paul-Schirmer, Deutsches Wörterbuch, 2. Halbbd., 5. A. (1956), S. 697; Mitzka in: Trübner, Deutsches Wörterbuch, 7. Bd. (1956), S. 649; Wagner, S. 30 f.; Staudinger-Weber, § 242 Erl. D 564.

[2] Benecke, Mittelhochdeutsches Wörterbuch, 3. Bd. (1861), S. 593; Lexer, Mittelhochdeutsches Handwörterbuch, 3. Bd. (1878) Sp. 311; Sanders-Wülfing, Handwörterbuch der deutschen Sprache, 8. A. (1910), S. 784; Weigand, Deutsches Wörterbuch, 2. Bd., 5. A. (1910), S. 1170; Mackensen, Deutsches Wörterbuch, 3. A. (1955), S. 786; Wesle in: Jacob und Wilhelm Grimm, Deutsches Wörterbuch, 12. Bd. 1. Abt. (1956) Sp. 2291; Paul-Schirmer, Deutsches Wörterbuch, 2. Halbbd., 5. A. (1956), S. 697; Mitzka in: Trübner, Deutsches Wörterbuch, 7. Bd. (1956), S. 649; Kessler, S. 44; Kind, S. 3; Klemmer, S. 32 f.; Wagner, S. 30, 39; Staudinger-Weber § 242 Erl. D 564.

[3] Mitzka in: Trübner, Deutsches Wörterbuch, 7. Bd. (1956), S. 649.

[4] Kessler, S. 44.

[5] Schüle, VA 39 (1934), 32; Hlawaty, S. 27 f.

II. Verwendung in der Rechtssprache

In beiden Bedeutungen findet sich die Verwirkung schon früh in der deutschen Rechtssprache[6]. Als Beispiel seien nur die vielfältigen Verwirkungsvorschriften der Constitutio Criminalis Carolina von 1532 erwähnt. So spricht die CCC von der Verwirkung peinlicher Strafe in den Art. 13, 61 und 180, von der Verwirkung von Strafe in den Art. 68, 124 und 128, von der Verwirkung des Lebens in den Art. 104, 108, 116, 119, 137, 148, 160 und 176, von der Verwirkung der Münzfreiheit und von Häusern in Art. 111 und von der Verwirkung von Leib und Gut in den Art. 135 und 218 (ähnlich auch Art. 189)[7]. Auch später ist die Verwirkung als Verlust oder sonstige Erleidung eines Übels der Rechtssprache treu geblieben. So erscheint sie etwa im Preußischen Allgemeinen Landrecht von 1792, das in § 72 seiner Einleitung erklärte, daß Privilegien unter bestimmten Voraussetzungen verwirkt würden, während es in Teil II Titel 9 § 98 die Verwirkung des Adels vorsah.

Insbesondere im Strafrecht hat die Verwirkung seit langem eine bevorzugte Heimstatt. So redet das StGB in seinen §§ 75 I, 208, 276 II 2 und 357 I von verwirkten Strafen, in den §§ 20a I 1, 27b und 74b von verwirkten Freiheitsstrafen, in § 74 III von verwirkten Einzelstrafen, in § 77 II von verwirkter Haft, in § 78 I von verwirkten Geldstrafen, während in 75 II Einschließung und Gefängnis „verwirkt" werden; die „verwirkte" Einziehung findet sich in den §§ 407 II, 413 II 1 StPO. Auch moderne Strafgesetze behalten diese Terminologie bei, z. B. die §§ 10 I Nr. 3, 13 II Wehrstrafgesetz und § 16 Ordnungswidrigkeitengesetz. Die Rechtsprechung bedient sich ebenfalls gelegentlich der Verwirkung in dieser Bedeutung[8].

In dem gleichen Sinne als selbst verschuldete Zuziehung eines (Straf-) Übels verwenden § 339 BGB und die ihn ergänzenden Vorschriften der §§ 340 I 1, II 1, 341 I, 343 I 1, 345 BGB den Begriff der Verwirkung, wenn sie an die (schuldhafte) Nicht- oder Schlechterfüllung einer Verbindlichkeit die Entstehung einer Vertragsstrafe knüpfen.

Häufig ist auch die rechtstechnische Benutzung der „Verwirkung" in der zweiten Bedeutung als Verlust eines Rechtsgutes infolge einer mißbilligten Handlung. Indes verdankt sie hier ihre Verwendung gleichfalls nicht dogmatischen Gründen, sondern dem gesetzgeberischen Zu-

---

[6] Vgl. Sachsenspiegel I 38 § 2, 51 § 3, II 26 § 2, III 44 § 3, 45 § 9, 46 § 1 und die Nachweise bei Benecke, Mittelhochdeutsches Wörterbuch, 3. Bd. (1861), S. 593; Lexer, Mittelhochdeutsches Handwörterbuch, 3. Bd. (1878) Sp. 311; Wesle in: Jacob und Wilhelm Grimm, Deutsches Wörterbuch, 12. Bd. 1. Abt. (1956) Sp. 2291; Mitzka in: Trübner, Deutsches Wörterbuch, 7. Bd. (1956), S. 649.
[7] Bis auf Art. 124, der sich des Substantivs „Verwirkung" bedient, benutzt die CCC nur die Verbalformen „verwirckt" und „verwürckt".
[8] BGHSt 16, 374 (378).

fall. So kennt das BGB die Rechtsfolge der Verwirkung der elterlichen Gewalt (§§ 1676, 1771 II, 1679, 1495 Nr. 4; §§ 1680, 1495 Nr. 5, 1684 Nr. 2, 1698, 1771 BGB a. F.) und der „Rechtsverwirkung" für den Fall, daß der Pfandkäufer die Pfandsache nicht sofort bar bezahlt (§ 1238 II 2). Ferner sieht das Ehegesetz in § 66 (§ 74 EheG 1938) die Verwirkung des Unterhaltsanspruchs eines geschiedenen Ehegatten vor, wenn dieser sich einer schweren Verfehlung gegen den Verpflichteten schuldig macht oder gegen dessen Willen einen ehrlosen oder unsittlichen Lebenswandel führt. Weiterhin enthält § 134 I 1 GewO das Verbot, bestimmte Lohnverwirkungsklauseln zu vereinbaren. Auch im Verwaltungsrecht enthalten die Gesetze mitunter den Begriff der Verwirkung. Die erste Vorschrift dieser Art war, soweit ersichtlich, § 47 des preußischen Eisenbahngesetzes vom 3. November 1838 (GS. S. 505), der den Verlust der Eisenbahnkonzession anordnete. Später ließen § 8 I des preußischen Gesetzes, betreffend die Dienstvergehen der Richter und die unfreiwillige Versetzung derselben auf eine andere Stelle oder in den Ruhestand vom 7. Mai 1851 (GS. S. 218) und § 9 I des preußischen Gesetzes, betreffend die Dienstvergehen der nichtrichterlichen Beamten, die Versetzung derselben auf eine andere Stelle oder in den Ruhestand vom 21. Juli 1852 (GS. S. 465) die Verwirkung der Dienstentlassung eintreten, wenn sich der Richter bzw. der Beamte länger als acht Wochen unerlaubt von seinem Amte entfernte. Das Steuerrecht hat diese Tradition fortgeführt, wenn es in § 435 S. 3 Reichsabgabenordnung von der Verwirkung der Einziehung und in § 5 Steuersäumnisgesetz von der Verwirkung des Steuersäumniszuschlags spricht. Ein interessantes Beispiel enthielt auch die Deutsche Gemeindeordnung vom 20. Januar 1935 (RGBl. I S. 49), die in § 20 bestimmte, daß das gemeindliche Bürgerrecht durch ehrenrührigen Verlust des deutschen Staatsbürgerrechts oder der bürgerlichen Ehrenrechte und durch Aberkennung nach den Vorschriften der DGO verwirkt würde. Neuerdings hat das Gesetz zur Regelung der Wiedergutmachung nationalsozialistischen Unrechts für Angehörige des öffentlichen Dienstes vom 11. Mai 1951 (BGBl. I S. 291, 354) — BWGöD — seinem § 31 die Überschrift „Verwirkung" gegeben. In ihm behandelt es eine Reihe von Versagungs- und Entziehungstatbeständen, die bei schuldhaftem Verhalten des Wiedergutmachung Begehrenden eingreifen. Auch das Bundesentschädigungsgesetz i. d. F. vom 29. Juni 1956 (BGBl. S. 559) bedient sich mehrfach des Begriffs der Verwirkung, um den Verlust des Entschädigungsanspruchs wegen Unwürdigkeit zu kennzeichnen (§§ 6 III, 145 II, 200 I). Weiterhin hat kürzlich § 10 des rheinland-pfälzischen Gesetzes vom 9. Dezember 1960 (GVBl. S. 269) angeordnet, daß die von der Teilnahme an Sitzungen ausgeschlossenen Parlamentsmitglieder ihre Diäten verwirken.

III. Rechtliche Bedeutung der Verwirkung

Trotz ihrer langen Geschichte hat sich die Verwirkung aber erst in jüngerer Zeit zu einem besonderen Rechtsinstitut entwickelt, und zwar zunächst auf dem Gebiete des Zivilrechts. Dabei hat sie die noch im Strafrecht übliche Bedeutung der Zuziehung irgendeines Übels abgestreift. Abgesehen von den Fällen der bürgerlich-rechtlichen Vertragsstrafe wird die Verwirkung hier nur mehr in dem Sinne gebraucht, daß sie einen Rechtsgüterverlust umschreibt, der wegen eines vorangegangenen mißbilligten Verhaltens beim Gebrauch des Rechtsgutes eintritt. Sie ist damit in den Problemkreis des § 242 BGB eingedrungen und stellt dort wiederum einen Unterfall der unzulässigen Rechtsausübung dar[9]. Sie wird ganz allgemein als eine Rechtsfolge angesehen, die sich an die illoyale Verspätung einer Rechtsausübung, an die unbillige Verzögerung der Geltendmachung eines Rechts anschließt[10].

Die Rechtsminderung, die diese Rechtsfolge mit sich bringt, besteht darin, daß der Rechtsträger sein Recht, dessen Ausübung er unter Verstoß gegen den Grundsatz von Treu und Glauben verabsäumt hat, nicht mehr geltend machen kann[11]. Im einzelnen ist jedoch der Rechtscharakter der Verwirkung noch weitgehend ungeklärt. Einmal ist umstritten, ob die Rechtssubstanz an sich erhalten bleibt und nur von außen herangetragene Schranken ein Hemmnis für die Ausübung des Rechts bilden (sog. Außentheorie) oder das subjektive Recht durch das Mißbrauchsverbot, das hier in Gestalt des Verzögerungsverbots eingreift, inhalt-

---

[9] RGZ 155, 148 (152); 159, 99 (105); BGHZ MDR 1951, 606; BGHZ 26, 52 (64); Siebert, Verwirkung S. 59, 172, 175; Vom Wesen des Rechtsmißbrauchs S. 214; JW 1937, 613; Heinrich Lehmann, JW 1936, 2193; Karakantas, Verwirkung S. 49 ff., 72; Kleine, JZ 1951, 9; Boehmer, Grundlagen der bürgerlichen Rechtsordnung II 2 (1952), S. 103; Wagner, S. 33; Hueck-Nipperdey, Lehrbuch des Arbeitsrechts, II. Bd., 6. A. (1957) § 32 I 1 vor a; Enneccerus-Nipperdey § 228 IV 2, 4; Soergel-Siebert Rdnr. 20 vor § 194; § 242 Rdnr. 173; Nastelski RGRK § 242 Anm. 190; Staudinger-Weber § 242 Erl. D 601 f.; Staudinger-Nipperdey § 611 Rdnr. 260 ff.; Erman § 242 Erl. III 3 c.

[10] RGZ 155, 148 (151 f.); 158, 100 (107 f.); BGHZ 25, 47 (52 f.); Siebert, Verwirkung, S. 29; Boehmer, Grundlagen der bürgerlichen Rechtsordnung II 2 (1952), S. 103, 108; Kind, S. 7 f.; Klemmer, S. 33; Enneccerus-Nipperdey § 228 IV 2, 4, 5; Soergel-Siebert, Rdnr. 20, 27 vor § 194, § 242 Rdnr. 173; Nastelski RGRK § 242 Anm. 190; Staudinger-Weber § 242 Erl. D 571; Erman § 242 Erl. III 3 c; Siebenhaar JR 1962, 88.

[11] Handelt es sich um ein absolutes Recht, dessen Ausübung verzögert wird, so betrifft die Verwirkung nicht das Herrschaftsrecht insgesamt, sondern **nur das jeweilige Ausfluß- oder Hilfsrecht (Bsp.: Eigentumsberichtigungsanspruch nach § 894 BGB)**. Das restliche absolute Recht bleibt erhalten. Ein Recht wird also nur insoweit verwirkt, als seine Geltendmachung illoyal verzögert wird. Anders steht es dagegen mit Rechten, die sich nur gegen eine Person oder mehrere bestimmte Personen richten und einen einheitlichen Leistungsinhalt haben. Hier wird das ganze Recht, nicht nur ein Teilrecht oder ein Rechtssplitter, von der Verwirkung ergriffen.

lich begrenzt wird (sog. Innentheorie)[12]. Zum anderen bestehen Meinungsverschiedenheiten über die Dauer des Rechtsverlusts (Innentheorie) bzw. der Rechtsminderung (Außentheorie), die die Verwirkung mit sich bringt. Fraglich ist, ob ein dauernder Verlust des Rechts oder seiner Ausübbarkeit eintritt — in diesem Falle wäre die Verwirkung ein Rechtsendigungsgrund — oder ob es sich lediglich um einen zeitweiligen Rechtsverlust oder eine zeitweilige Rechtsminderung handelt, bei der das Recht nur nicht im augenblicklichen Einzelfall und nicht in dieser Weise ausgeübt werden darf, die Möglichkeit eines späteren Wiederauflebens jedoch nicht ausgeschlossen ist (Verwirkung als bloßer Rechtshemmungsgrund)[13]

Die Rechtsfolge „Verwirkung" bildet somit ein eigenständiges Rechtsinstitut; sie wird gelegentlich als „technische Verwirkung" oder „Verwirkung im technischen Sinn" bezeichnet[14]. Sie darf jedoch nicht mit den Fällen gesetzestechnischer Verwendung des Begriffes Verwirkung verwechselt werden, die ihre Existenz nicht der Klarsicht des Gesetzgebers verdanken, sondern allein dazu dienen sollen, die an ein mißbilligtes Verhalten geknüpfte Rechtsfolge des Verlusts eines Rechtsgutes mit einem Schlagwort zu versehen. Diese — untechnische — Verwirkung wird auch Verwirkung aus Pflichtwidrigkeit genannt[15].

---

[12] Die Innentheorie wird von der heute h. M. vertreten: Otto von Gierke, Die soziale Aufgabe des Privatrechts (1889), S. 15 f.; Endemann, Lehrbuch des bürgerlichen Rechts, 1. Bd., 9. A. (1903) § 84 a 1 und Anm. 8; Siebert, Verwirkung S. 74, 85 ff., 97, 133, 139, 152 u. ö ; Vom Wesen des Rechtsmißbrauchs S. 195 Anm. 13; de Boor AcP 141 (1935), 268; Heinrich Lehmann, JW 1936, 2196 sub 3; Allgemeiner Teil § 15 I 2 c; Klemmer, S. 15; Blomeyer, Allgemeines Schuldrecht, 2. A. (1957) § 3 II 3; Haueisen, NJW 1957, 729; Wolff-Raiser, Sachenrecht, 10. A. (1957) § 52 I 3, II (für das Eigentum); Enneccerus-Nipperdey § 239 III 6; Soergel-Siebert, Rdnr. 12 vor § 226, § 242 Rdnr. 115; Esser, Schuldrecht, 2. A. (1960) § 34, 8; Nastelski, RGRK § 242 Anm. 118; Palandt-Danckelmann § 242 Erl. 1; a. A. Oertmann, Allgemeiner Teil § 226 Erl. 2; Hans Christoph Hirsch, Die Übertragung der Rechtsausübung (1910) S. 44; Hans Albrecht Fischer, Die Rechtswidrigkeit (1911), S. 142; Hager, Schikane und Rechtsmißbrauch im heutigen bürgerlichen Recht (1913), S. 45; Planck-Knoke § 226 Erl. 3; Karakantas, Verwirkung S. 38 f., 46. Eine Kombination beider Ansichten nehmen Staudinger-Weber § 242 Erl. D 28 vor.
Der Streit zwischen Innentheorie und Außentheorie ist im wesentlichen begriffsjuristischer Natur. Praktische Bedeutung könnte er allenfalls bei der Frage erlangen, ob die unzulässige Rechtsausübung ein von Amts wegen zu beachtender Einwand oder eine vom Beklagten geltend zu machende Einrede ist. Jedoch sind auch insoweit bisher noch keine Unzuträglichkeiten aufgetreten. Vgl. dazu: von Tuhr, Allgemeiner Teil I S. 548 Anm. 4; Staudinger-Weber § 242 Erl. D 32.

[13] Vgl. dazu Siebert, Verwirkung S. 89, 97, 139, 150, 152, 175, 179; Heinrich Lehmann, JW 1936, 2193; Kind, S. 8 ff.; Klemmer, S. 16 f.; Enneccerus-Nipperdey § 228 IV 4; Soergel-Siebert, Rdnr. 22 vor § 226; § 242 Rdnr. 116; Esser, Schuldrecht, 2. A. (1960) § 34, 8; Füchtenbusch, S. 96 Anm. 204; Staudinger-Weber § 242 Erl. D 28.

[14] Hlawaty, S. 33; Wagner, S. 34, 37.

[15] Dürig, JZ 1952, 513; Rösener, Die Verwirkung wegen verspäteter Rechts-

§ 4: Die Verwirkung im allgemeinen

Technische und untechnische Verwirkung sind insofern verwandt, als beide eine dem Rechtsträger nachteilige Rechtsfolge in Form einer Rechtsminderung darstellen. Ein Unterschied liegt aber darin, daß die technische Verwirkung auf einen ganz eng umrissenen Tatbestand, nämlich den der illoyalen Verspätung, beschränkt ist, während die untechnische Verwirkung als Rechtsfolge an jeden beliebigen Tatbestand geknüpft werden kann, vorausgesetzt nur, daß in ihm menschliches Verhalten mit einem Unwerturteil bedacht wird. Ein zweiter Unterschied betrifft den Charakter der beiden Verwirkungsarten eigentümlichen Rechtseinbuße. Bei der — untechnischen — Verwirkung aus Pflichtwidrigkeit besteht der eintretende Rechtsnachteil in dem völligen Verlust eines bislang innegehabten Rechts[16]. Hingegen läßt sich bei der Verwirkung im technischen Sinne eine derart eindeutige Aussage nicht treffen. Hier hängt der sachliche Umfang der Rechtsminderung von der Art des nicht ausgeübten Rechts ab, ist unklar, ob das Recht untergeht oder nicht, und zweifelhaft, ob der Rechtsnachteil zeitweilig oder dauernd ist. Angesichts dieser Unterschiede wird zwar zugegeben, daß die bürgerlich-rechtliche Verwirkung im technischen Sinn der überkommenen Bedeutung des Begriffs Verwirkung weniger entspricht[17], jedoch wird man sich dem Machtspruch des Zivilrechts zu beugen haben, zumal neuerdings auch der Gesetzgeber in § 4 IV 2 Tarifvertragsgesetz die Verwirkung als Rechtsfolge bei verspäteter Geltendmachung eines Rechts verwandt hat, wenn er die Verwirkung tariflicher Rechte ausschließt. Damit hat die durch Rechtsprechung und Lehre vorgenom-

---

verfolgung im öffentlichen Recht, Diss. Göttingen 1955, S. 24; Staudinger-Weber § 242 Erl. D 571.

[16] Für die Verwirkung der elterlichen Gewalt nach § 1676 BGB (§ 1680 a. F.): Planck § 1680 Erl. 3; Kipp-Wolff, Lehrbuch des bürgerlichen Rechts, II 2, 6. A. (1928), § 83 I 5; Hallamik, RGRK § 1680 Erl. 2; Joachim, RdA 1954, 5; Kind, S. 4 f.; Hueck-Nipperdey, Lehrbuch des Arbeitsrechts II. Bd., 6. A. (1957) § 32 I 1 vor a; Beitzke, FamRZ 1958, 9; Familienrecht, 8. A. (1959) § 26 V 3; Krüger-Breetzke-Nowack, Gleichberechtigungsgesetz (1958) § 1676 BGB Rdnr. 2, 3; Enneccerus-Nipperdey § 228 IV Anm. 16; Soergel-Siebert § 242 Rdnr. 174; Soergel-Siebert-Lange § 1676 Rdnr. 3; Erman-Ronke § 1676 Erl. 1; Palandt-Lauterbach § 1676 Erl. 1; für die Verwirkung des Unterhaltsanspruchs nach § 66 EheG (§ 74 a. F.): Volkmar-Antoni-Ficker-Rexroth-Anz, Großdeutsches Eherecht (1939) § 74 EheG Erl. 4; Hallamik RGRK § 74 EheG Erl. 2; Gerold, Ehegesetz (1950) § 66 Rdnr. 3; von Godin, Ehegesetz, 2. A. (1950) Erl. zu § 66; Hoffmann-Stephan, Ehegesetz (1950) § 66 Erl. 4; Kind, S. 6 f.; Siebert-Vogel, Familienrecht (1955) § 66 EheG Erl. 4; Hueck-Nipperdey, a.a.O.; Enneccerus-Nipperdey, a.a.O.; Soergel-Siebert, a.a.O.; Soergel-Siebert-Vogel § 66 EheG Rdnr. 4; Heinrich Lehmann, Deutsches Familienrecht, 3. A. (1960) § 20 V B 2a γ; Beitzke, Familienrecht § 21 B III 6 c; Erman-Ronke § 66 EheG Erl. 3; für die Verwirkung des Bürgerrechts nach § 20 DGO: Küchenhoff-Berger, Deutsche Gemeindeordnung (1935) § 20 Erl. 1; Kunz-Guba-Theißig, Die deutsche Gemeindeordnung (1939) § 20 Erl. 1; Mannlicher-Petz-Schattenfroh, Die deutsche Gemeindeordnung (1939) § 20 Erl. 3; Kind, S. 6.

[17] Staudinger-Weber § 242 Erl. D 571.

mene Begriffsverengung der — technischen — Verwirkung ihre legislatorische Anerkennung gefunden.

Er ergibt sich somit, daß die Rechtsordnung drei Verwirkungsbegriffe kennt:

1. die strafrechtliche Verwirkung = Verwirkung von Strafe bei Übertretung eines Strafgesetzes;
2. die sonstige Verwirkung = Verlust eines vom Rechtsträger bislang innegehabten Rechtsgutes, wobei
   a) die technische Verwirkung eine in ihrer Rechtsnatur noch ungeklärte Rechtsfolge darstellt, die bei illoyal verspäteter Geltendmachung eines Rechts einsetzt und einen Unterfall der unzulässigen Rechtsausübung bildet, während
   b) die untechnische Verwirkung als Bezeichnung eines Rechtsverlusts wegen pflichtwidrigen Verhaltens verwandt wird.

§ 5: Die Verwirkung von Grundrechten, insbesondere der Pressefreiheit

I. Allgemeine Verwirkung und Grundrechtsverwirkung

Im folgenden soll nunmehr geklärt werden, welchen Verwirkungsbegriff Art. 18 GG verwendet. Die strafrechtliche Verwirkung läßt sich im Rahmen dieser Vorschrift nicht verwerten. Denn selbst wenn man der Ansicht ist, daß die Grundrechtsverwirkung Strafe für vorausgegangenes Tun sei[1], besteht doch die Rechtsfolge gerade darin, daß der Täter eine Einbuße seines grundrechtlichen Status erleidet und keine sonstige Zuziehung eines Übels stattfindet.

Es verbleiben somit die technische Verwirkung und die untechnische Verwirkung aus Pflichtwidrigkeit. Beide bringen dem Rechtsträger einen Rechtsverlust. Jedoch ist die technische Verwirkung eine Rechtsfolge, die der illoyal verzögerten Geltendmachung eines Rechts eigentümlich ist. Infolge ihrer Beschränkung auf eine ganz bestimmte Rechtsfolge eines eng begrenzten Tatbestands kann sie für die Interpretation des Art. 18 GG nicht benutzt werden, denn diese Vorschrift knüpft nicht an einen Zeitablauf an[2]. Sie rügt nicht verspätete oder zeitweilig unterlassene Rechtsausübung, sondern wendet sich gegen übermäßige Rechtsausübung. Während die technische Verwirkung ein „Zuwenig"

---

[1] So von Weber, DRiZ 1951, 155; JZ 1953, 293, 294.
[2] Hlawaty, S. 33 f.; Wagner, S. 37; Hartmann, S. 128.

voraussetzt, hat es das Grundgesetz mit einem „Zuviel" zu tun. Mehr als den Namen haben die beiden Rechtsfolgen nicht gemein[3]. An dieser Diskrepanz ändert sich auch dadurch nichts, daß der bürgerlich-rechtliche Verwirkungsgedanke bei seinem „Siegeszug"[4] die Grenzen zum öffentlichen Recht niedergelegt und dort seinen Einzug gehalten hat. Im Verwaltungsrecht bleibt er ebenfalls auf die verzögerte Geltendmachung von Rechten beschränkt und bezeichnet nur die Rechtsfolge, die bei illoyaler Verspätung eintritt[5]. Diese — öffentlich-rechtliche — Verwirkung kann daher angesichts der Verschiedenheiten gegenüber der Verwirkung des Art. 18 GG, die sie mit der bürgerlich-rechtlichen Verwirkung teilt, für die Begriffsbestimmung der Grundrechtsverwirkung nicht herangezogen werden[6].

Anders steht es dagegen mit der untechnischen Verwirkung aus Pflichtwidrigkeit. Sie bezeichnet den totalen Verlust eines Rechts oder einer Rechtsstellung, der deshalb eintritt, weil sich der Rechtsinhaber eine Pflichtverletzung hat zuschulden kommen lassen. Dieser Gedanke läßt sich bei der Auslegung des Art. 18 GG wohl verwenden. Denn der Tatbestand, an den sich die untechnische Verwirkung knüpft, ist nicht so eingeengt wie der der technischen Verwirkung und schließt deshalb einen Vergleich mit der verfassungsrechtlichen Verwirkungsvorschrift nicht aus.

Die Rechtsfolge des Art. 18 GG soll im folgenden in zwei Abschnitten untersucht werden. Zunächst (II) wird erörtert, welchen Rechtsverlust der einzelne durch die Grundrechtsverwirkung erleidet, sodann (III), welchen Rechtszuwachs der Staat dadurch erfährt. Gemeinsames Ziel ist herauszufinden, ob eine Verwandtschaft mit der Rechtsfolge des § 42 1 StGB besteht, ob also Art. 18 GG — ausdrücklich oder stillschweigend — ein Berufsverbot enthält oder doch wenigstens — nach dem erfolgten Verwirkungsanspruch — zuläßt.

---

[3] Ähnlich Klemmer, S. 33.
[4] Dürig, JZ 1952, 513.
[5] RGZ 158, 235 (238); Reichswirtschaftsgericht, DJZ 1931, 1390; pr OVG, DJZ 1931, 774; BVerwGE 5, 136 (139 f.); 5, 261 (262); BVerwG, NJW 1957, 1204; DVBl 1958, 469, 619; Hess VGH, VerwRspr 4, 674; 14, 670 (674); OVG Münster, DÖV 1957, 832; VerwRspr 11, 766 (767); OVG Koblenz, ZBR 1958, 249; Heinemann, RuPrVBl 51 (1930), 671; Küchenhoff, RuPrVBl 51 (1930), 275; Siebert, Verwirkung S. 244; Karakantas, Verwirkung S. 71; Hlawaty, S. 27 ff.; Böhmer, BayVBl 1956, 129 ff., 173 ff.; Stich, DVBl 1956, 326; 1959, 234 ff.; Hamann, RiA 1957, 177; Nastelski, RGRK § 242 Anm. 221; Forsthoff, Lehrbuch des Verwaltungsrechts S. 158; Hans J. Wolff, Verwaltungsrecht I § 37 III e 1; Staudinger-Weber § 242 Erl. D 741 ff., insbes. 743; Lindgen, DÖD 1963, 47.
Gegen die generelle Übernahme der Verwirkung ins öffentliche Recht: Reichsversorgungsgericht, ZAkDR 1937, 120; RFH, ZAkDR 1937, 474; Pütz, JW 1937, 911.
[6] So auch Klemmer S. 34.

II. Der Rechtsverlust des Grundrechtsträgers und seine Folgen

1. Der Grundrechtsverlust

A. Wortinterpretation

Art. 18 GG sieht für Personen, die unter Verwendung bestimmter Grundrechte die freiheitliche demokratische Grundordnung bekämpfen, eine nachteilige Rechtsfolge derart vor, daß sie ein Grundrecht oder mehrere verwirken. Geht man zunächst vom Wortlaut aus und legt dabei den allgemeinen Sprachgebrauch sowie den Begriff der untechnischen Verwirkung aus Pflichtwidrigkeit zugrunde, so stellt die Verwirkung eines Grundrechts dessen vollständigen Verlust dar. Der Tatbestand, an den sich dieser Verlust knüpft, stimmt auch mit den sonstigen Verwirkungsfällen überein, denn er setzt voraus, daß pflichtwidrige Handlungen vorgenommen werden, nämlich aktive Verfassungsbekämpfung[7].

Eine Eigentümlichkeit der verfassungsrechtlichen Verwirkung könnte indes darin liegen, daß gerade das Recht verwirkt wird, das der Rechtsträger zuvor mißbraucht hat. Im Gegensatz dazu steht etwa § 66 EheG, wo die Verwirkung des Unterhaltsanspruchs nicht dessen Mißbrauch voraussetzt, sondern es genügt, wenn sich der Unterhaltsgläubiger gegenüber dem geschiedenen Ehegatten einer schweren Verfehlung schuldig macht oder gegen dessen Willen einen ehrlosen oder unsittlichen Lebenswandel führt. Auch die Verwirkung des gemeindlichen Bürgerrechts nach § 20 DGO erforderte nicht dessen Mißbrauch; vielmehr trat sie z. B. bei ehrenrührigem Verlust des deutschen Staatsbürgerrechts ein. Jedoch ist die Identität von mißbrauchtem und verwirktem Recht, wie sie Art. 18 GG vorsieht, auch sonst der Rechtsordnung nicht unbekannt. Nach § 1676 I 1 BGB verwirkt ein Elternteil die elterliche Gewalt, wenn er wegen eines an dem Kinde verübten Verbrechens oder vorsätzlichen Vergehens zu Zuchthausstrafe oder zu einer Gefängnisstrafe von mindestens sechs Monaten bestraft wird. Die Verwirkung der elterlichen Gewalt erfolgt also, weil ihr Inhaber sie zuvor mißbraucht hat. Die gleiche Struktur wies auch § 72 der Einleitung zum ALR auf, wonach ein mißbrauchtes Privileg verwirkt wurde. Die Grundrechtsverwirkung des Art. 18 GG nimmt somit unter den Fällen der untechnischen Verwirkung keine Ausnahmestellung ein.

B. Historische Interpretation

a) Die deutschen Nachkriegsverfassungen

Diese Auslegung des Art. 18 GG, die die Grundrechtsverwirkung als Grundrechtsverlust betrachtet und zu einem einfachen und prakti-

---

[7] Vgl. Hlawaty S. 36.

kablen Ergebnis führt, wird durch die Gesetzesgeschichte bestätigt. Vorschriften, die die Verwirkung von Grundrechten vorsehen, tauchen in der deutschen Verfassungsgeschichte erst nach 1945 auf. Früher fanden sich zwar gelegentlich Verfassungsbestimmungen, die vom Mißbrauch gewisser Grundrechte, insbesondere der Pressefreiheit, sprachen[8]; zur Rechtsfolge der Verwirkung hat sich aber keine Verfassung durchringen können. Die Verfassung der deutschen Länder, die diese sich nach dem Zweiten Weltkrieg gaben, enthalten zum erstenmal Vorschriften, die in hohem Maße die Ausübung der Grundrechte aus Gründen des Staatsschutzes einengen und sogar bestimmte Personen aus dem Kreise der Grundrechtsträger ausstoßen.

aa) Hessen

Voran ging dabei das Land Hessen mit seiner Verfassung vom 1. Dezember 1946. Nach ihrem Art. 17 I kann sich auf das Recht der freien Meinungsäußerung, der Versammlungs- und Vereinsfreiheit sowie auf das Recht der Verbreitung wissenschaftlicher oder künstlerischer Werke nicht berufen, wer den verfassungsmäßigen Zustand angreift oder gefährdet. Ob diese Voraussetzung vorliegt, entscheidet nach Art. 17 II hessVerf. der Staatsgerichtshof im Beschwerdewege. Eine Erweiterung dieser Grundsätze ergibt sich aus Art. 18 hessVerf.: Auf das Recht der freien Meinungsäußerung, der Verbreitung wissenschaftlicher oder künstlerischer Werke und der freien Unterrichtung kann sich ferner nicht berufen, wer Gesetze zum Schutze der Jugend verletzt.

Art. 17 und 18 hessVerf benutzen zwar den Begriff „Verwirkung" noch nicht, doch enthalten sie schon die ersten Ansatzpunkte für die Entstehung des Art. 18 GG. Der entscheidende Unterschied liegt aber darin, daß die Tatbestände der hessischen Verfassung nicht den Verlust der in ihnen genannten Grundrechte herbeiführen, sondern sich damit begnügen, dem Rechtsinhaber unter gewissen Umständen die Berufung auf ihm an sich zustehende Grundrechte zu versagen[9].

---

[8] Das Vorbild war Art. 11 der Menschenrechtserklärung von 1789, der den Mißbrauch der Meinungsfreiheit untersagte. Ihm folgten: die Präambel der bay. Verf. von 1818 (Stoerk-Rauchhaupt S. 89), § 28 württemberg. Verf. 1819 (Stoerk-Rauchhaupt S. 506), Art. 35 hess. Verf. 1820 (Stoerk-Rauchhaupt S. 193), § 35 sächs. Verf. 1831 (Stoerk-Rauchhaupt S. 328), § 31 braunschweig. Neue Landschaftsordnung 1832 (Stoerk-Rauchhaupt S. 119), Art. 46 § 1 oldenburg. rev. Staatsgrundgesetz 1852 (Stoerk-Rauchhaupt S. 243), § 30 III Verf. Waldeck 1852 (Stoerk-Rauchhaupt, S. 485), § 43 I Staatsgrundgesetz Sachsen-Coburg und Gotha 1852 (Stoerk-Rauchhaupt S. 397), § 13 I brem. Verf. 1894 (Stoerk-Rauchhaupt S. 154). Vgl. auch Art. IV § 25 des Entwurfs des deutschen Reichsgrundgesetzes — Gutachten der 17 Vertrauensmänner der Bundesversammlung — von 1849 (Binding, Deutsche Staatsgrundgesetze, Heft 2 S. 107 f.).

[9] Vgl. auch Füchtenbusch S. 102 Anm. 216.

Da die Ausübung der meisten Grundrechte durch Vornahme tatsächlicher Handlungen geschieht, wird sich der Grundrechtsträger erst dann auf seine Rechte berufen, wenn er drohende oder bereits erfolgte Eingriffe in seine Grundrechtssphäre gerichtlich oder außergerichtlich abwehren oder rückgängig machen will. Eine derartige Berufung setzt daher Maßnahmen des Grundrechtsverpflichteten voraus, die sich gegen den Grundrechtsinhaber richten. Art. 17 und 18 hessVerf beeinträchtigen scheinbar also nicht die Ausübbarkeit der Grundrechte, sondern schwächen lediglich ihre Defensivfunktion. Demgemäß bleiben dem Grundrechtsträger die Grundrechte erhalten[10], nur wird in concreto die Berufung auf sie unzulässig, sobald nämlich ein Verteidigungsfall für den Grundrechtsträger gegeben ist.

Allerdings läßt sich diese strikte Differenzierung zwischen ungeschmälerter Ausübbarkeit der Grundrechte und lediglich verminderter Abwehrkraft nicht aufrechterhalten. Ist es demjenigen, der einen der in Art. 17 oder 18 hessVerf umschriebenen Tatbestände verwirklicht hat, versagt, bei nunmehr einsetzenden staatlichen Abwehrreaktionen sich zur Verteidigung des Schildes der Grundrechte zu bedienen, so liegt der Schluß nahe, daß die Schwächung der grundrechtlichen Stellung bereits eine Stufe früher eintritt, nämlich bei der Vornahme der in den beiden Vorschriften genannten Handlungen. Der Wille des Verfassungsgebers tendierte dahin, schon die verfassungsfeindliche oder jugendgefährdende Handlung selbst ihres grundrechtlichen Schutzes zu berauben. Die Art. 17 und 18 hessVerf enthalten daher ein Mißbrauchsverbot[11]. Sie richten eine Grundrechtsschranke auf, deren Überschreitung verboten ist. Eine derartige Schrankenüberschreitung mit der Folge, daß der Grundrechtsträger sich außerhalb des grundrechtlich gesicherten Raums bewegt, liegt aber immer nur im jeweiligen Einzelfall vor[12]; dagegen wird nicht etwa jede an sich durch ein Grundrecht gedeckte Tätigkeit für alle Zukunft der grundrechtlichen Garantie ledig. Der Überschreitende bleibt vielmehr Grundrechtsinhaber; nur wird eine ganz bestimmte Handlung mit dem Makel der Rechtswidrigkeit bedacht.

Auch Art. 18 GG verbietet gewisse Handlungen, nämlich solche, die der Bekämpfung der freiheitlichen demokratischen Grundordnung dienen. Damit begnügt er sich jedoch nicht, denn er nimmt die konkrete, einen Einzelfall betreffende Kampfhandlung zum Anlaß, um den Verfassungsfeind für die Zukunft eines Grundrechts oder mehrerer Grundrechte zu entkleiden. Betätigt sich derjenige, der gemäß Art. 18 GG eines Grundrechts verlustig gegangen ist, nach der Aberkennung wei-

---

[10] Zinn-Stein, Art. 17 Erl. 3.
[11] Zinn-Stein, Art. 17 Erl. 1.
[12] Zinn-Stein, Art. 17 Erl. 3, Art. 18 Erl. 1.

terhin in dem Lebensbereich, den das — nunmehr verwirkte — Grundrecht schützen soll, so handelt er nicht mehr in Ausübung des Grundrechts. Dabei kommt es dann auch nicht mehr darauf an, ob er wiederum die Verfassung bekämpft oder ob er eine nicht mißbilligte Handlung vornimmt; das Grundgesetz hat ihn wegen seiner früheren verfassungsfeindlichen Aktivität mit dem generellen Entzug des Grundrechts „bestraft". Während also Art. 18 GG eine in die Zukunft wirkende Rechtsfolge enthält, beschränkt sich der Rechtsnachteil der hessVerf auf das Verbot konkreter Handlungen. Das Grundgesetz geht somit weit über die hessVerf hinaus.

Jedoch enthält diese in Art. 146 eine Vorschrift, die schon bedeutendere Anklänge an Art. 18 GG aufweist. Nach Abs. I ist es „Pflicht eines jeden, für den Bestand der Verfassung mit allen ihm zu Gebote stehenden Kräften einzutreten". Für den Fall, daß jemand dieser Pflicht zuwiderhandelt oder einer politischen Gruppe angehört, welche die Grundgedanken der Demokratie bekämpft, bestimmt ein Gesetz, „welche Rechte aus dieser Verfassung aberkannt werden können" (Abs. II). Hier liegt bereits eine Norm vor, durch die nicht (nur) eine einzelne Handlung des Grundrechtsschutzes beraubt wird, sondern für die Zukunft ein umfassender Grundrechtsverlust ermöglicht wird.

bb) Die Länder der sowjetischen Besatzungszone

Das hessische Beispiel machte bald Schule. So sahen sämtliche Verfassungen der Länder der sowjetischen Besatzungszone vor, daß bestimmte Personen „grundrechtslos" wurden. Als Beispiel sei Art. 5 II der Verfassung des Landes Thüringen vom 20. Dezember 1946 wiedergegeben, der folgenden Wortlaut hatte[13]:

> Alle Bürger haben die gleichen staatsbürgerlichen Rechte, es sei denn, daß sie ihnen auf Grund gesetzlicher Bestimmungen, insbesondere wegen ihrer nationalsozialistischen oder militärischen Betätigung nicht zustehen oder aberkannt sind.

Ganz ähnliche Vorschriften enthielten die Verfassung der Provinz Sachsen-Anhalt vom 10. Januar 1947 in Art 8 II[14], die Verfassung des Landes Mecklenburg vom 16. Januar 1947 in Art. 7 II 2[15], die Verfassung für die Mark Brandenburg vom 6. Februar 1947 in Art. 4 I[16] und die Verfassung des Landes Sachsen vom 28. Februar 1947 in Art 8 II[17].

---

[13] Wegener, S. 170 (171).
[14] Wegener, S. 182 (183).
[15] Wegener, S. 195 (196).
[16] Wegener, S. 209 (210).
[17] Wegener, S. 219 (220).

cc) Rheinland-Pfalz

Auch die Verfassungen einiger westdeutscher Länder folgten dem Trend der Zeit zur Beschränkung der Grundrechte auf die Verfassungsfreunde und die Gesetzestreuen. So nahm sich die Verfassung für Rheinland-Pfalz vom 18. Mai 1947 die hessische Regelung zum Vorbild und verweigert in Art 10 II denjenigen, die die verfassungsmäßigen Grundlagen des Gemeinschaftslebens angreifen oder Gesetze zum Schutze der Jugend verletzen, die Berufung auf das Recht der freien Meinungsäußerung, der Verbreitung wissenschaftlicher oder künstlerischer Werke, der Lehrfreiheit und der freien Unterrichtung. In Art. 133 I verwehrt sie darüber hinaus unter Androhung strafrechtlicher Verfolgung denjenigen Personen die Berufung auf die Grundrechte, die darauf ausgehen, „die sittlichen oder politischen Grundlagen des Gemeinschaftslebens, besonders die verfassungsmäßigen Freiheiten und Rechte durch Gewaltanwendung oder Mißbrauch formaler Rechtsbefugnisse zu untergraben oder aufzuheben".

dd) Baden

Das Paradestück bei diesen verfassungsgeschichtlichen Reminiszenzen ist indes Art. 124 der Verfassung des Landes Baden vom 19. Mai 1947[18], das Muster des Grundgesetzgebers und der unmittelbare Vorgänger des Art. 18 GG. Er hatte folgenden Wortlaut:

> Wer es unternimmt, die durch die Verfassung gewährleisteten Grundrechte und Freiheiten zum Kampfe gegen diese Grundrechte und Freiheiten zu mißbrauchen, stellt sich selbst außerhalb der Verfassung und verwirkt damit das Recht, sich gegenüber Notwehrhandlungen des Staates auf verfassungmäßige Grundrechte und Freiheiten zu berufen. Ob diese Voraussetzung vorliegt, entscheidet auf Klage der Staatsgerichtshof.

Diese wenig klare Vorschrift[19] ist trotz ihrer geringen juristischen Präzision durchaus geeignet, Licht bei der Auslegung des Art. 18 GG zu spenden. Denn beide Normen sind nach dem gleichen rechtstechnischen Prinzip aufgebaut, wenn sie auch in Tatbestand und Rechtsfolge erhebliche Abweichungen aufweisen. Der Tatbestand umschreibt jeweils einen kämpferischen Mißbrauch, an den sodann die Rechtsfolge der Verwirkung geknüpft wird, wobei Art. 124 badVerf die zusätzliche Rechtsfolge statuiert, daß der Mißbrauchende sich außerhalb der Verfassung stellt.

---

[18] Wegener, S. 260 (280).
[19] Vgl. dazu Friesenhahn, Thoma-Festschrift S. 51 Anm. 2.

§ 5: Die Verwirkung von Grundrechten 51

Am geringsten sind noch die tatbestandlichen Unterschiede. Während Art. 18 GG den Kampf gegen die freiheitliche demokratische Grundordnung unter Verwendung bestimmter Grundrechte verbietet, beschränkt Art. 124 badVerf das Kampfziel auf Grundrechte und Freiheiten, wobei unklar bleibt, ob damit (nur) die subjektiven Grundrechte der übrigen Rechtsgenossen gemeint sind oder (auch) die Grundrechte als objektive Rechtsnormen und ob nur die bürgerlich-individuellen oder auch die politisch-demokratischen Freiheiten geschützt sind.

Größer sind die Diskrepanzen bei den Rechtsfolgen. Art. 18 GG kennt nur eine: die Verwirkung von Grundrechten. Dagegen treten in Art. 124 badVerf — scheinbar — zwei ein. Einmal stellt sich der Täter außerhalb der Verfassung. Damit ist nicht gemeint, daß der Mißbrauchende vogelfrei und nicht mehr der Rechtsordnung unterworfen sei. Wie sich aus der zweiten Rechtsfolge, der Verwirkung des Rechts der Berufung auf verfassungsmäßige Grundrechte und Freiheiten gegenüber Notwehrhandlungen des Staates, ergibt, tritt nur eine sehr limitierte Rechtsminderung ein. Stellung außerhalb der Verfassung bedeutet bloß, daß die mißbräuchlichen Handlungen keinen grundrechtlichen Schutz genießen, der Täter sich also bei ihrer Vornahme nicht mehr auf sein Grundrecht stützen kann, das beim Fehlen eines derartigen Mißbrauchsverbots seine Betätigungen decken würde. Demnach stellt die erste Rechtsfolge lediglich eine inhaltliche Beschränkung der Grundrechte oder ihrer Ausübung dar.

Demgegenüber beeinträchtigt die Verwirkung des Berufungsrechts die Defensivfunktion der Grundrechte. Derjenige, der sich über das Mißbrauchsverbot hinwegsetzt und sich daher außerhalb des grundrechtlich geschützten Raumes bewegt, muß eine weitere nachteilige Rechtsfolge auf sich nehmen: Wenn der Staat angesichts ihn bedrohender Grundrechtsüberschreitungen Gegenmaßnahmen ergreift und den Störer in seine Schranken zurückweist, so ist eine solche Schrankenverweisung nach badischem Verfassungsrecht kein Grundrechtseingriff, wie es an sich jeder eingreifende Staatsakt ist, dem der Grundrechtsträger im Falle der Rechtswidrigkeit einen Anspruch auf staatliche Untätigkeit entgegenhalten kann. Die Verwirkung des Rechts, sich gegenüber noch näher zu beschreibenden Aktionen des Staates auf seine Grundrechte zu berufen, bedeutet also nichts anderes als eine Verkürzung des grundrechtlichen Abwehranspruchs: Bestimmte Staatshandlungen können nicht mehr abgewehrt werden.

Beide Rechtsfolgen des Art. 124 badVerf besagen somit im Grunde dasselbe, denn sowohl die Stellung außerhalb der Verfassung als auch die Verwirkung des Berufungsrechts stellen eine inhaltliche Beschränkung der Grundrechte dar. Nur werden jeweils die Akzente anders gesetzt. Während im ersten Fall die Verkürzung das Grundrecht in seiner positiv ausgedrückten Form als Darfrecht betrifft, vermindert die Verwirkung das Grundrecht als Abwehrrecht. Ein sachlicher Unterschied besteht jedoch nicht[20].

Die behauptete Vielfalt der Rechtsfolgen in Art. 124 badVerf gegenüber Art. 18 GG ist also nicht vorhanden. Beide Vorschriften enthalten nur je eine einzige Rechtsfolge, deren Inhalt indes höchst unterschiedlich ist. Die landesrechtliche Norm begrenzt die Grundrechte inhaltlich für genau umrissene Fälle, während sie allen übrigen Betätigungen weiterhin vollen Schutz gewährt. Die Berufung auf Grundrechte ist nur solange und soweit ausgeschlossen, als diese mißbraucht werden[21]. Der Verfassungsfeind bleibt Grundrechtsträger; lediglich in einem konkreten Einzelfall ist sein Tun nicht mehr grundrechtlich gesichert. Art. 18 GG dagegen richtet zwar auch ein Mißbrauchsverbot mit der Folge auf, daß schrankenüberschreitende Handlungen den grundrechtlichen Schutz entbehren müssen. Er begnügt sich aber damit nicht, sondern läßt den — totalen oder partiellen — Verlust eines Grundrechts oder mehrerer Grundrechte eintreten, so daß künftig alle und nicht nur einige wenige Handlungen, die unter den sachlichen Geltungsbereich der Grundrechtsvorschrift fallen, ohne grundrechtliche Sicherung vorgenommen werden. Im Gegensatz zu Art. 124 badVerf beschränkt er sich also nicht auf die Regelung einer konkreten, gegenwärtigen Mißbrauchshandlung, sondern statuiert eine in die Zukunft wirkende, generelle Rechtsfolge.

Ein weiterer Unterschied könnte sich aus folgender Erwägung ergeben: Art. 124 badVerf ließ den Täter das Recht verwirken, sich gegenüber „Notwehrhandlungen" des Staates auf seine verfassungsmäßigen Grundrechte und Freiheiten zu berufen. Daraus könnte man den Schluß ziehen, daß der Begriff der Notwehr im technischen Sinn der §§ 53 II StGB, 227 II BGB aufzufassen sei, wonach Notwehr diejenige Verteidigung ist, die erforderlich ist, um einen gegenwärtigen rechtswidrigen Angriff von sich oder einem anderen abzuwehren. Die Schrankenüberschreitung zum Zwecke der Bekämpfung der Grundrechte und Freiheiten müßte also rechtswidrig sein. Sie ist es dann, wenn die in Art. 124 badVerf umschriebene mißbräuchliche Handlung verboten oder — umgekehrt — ihre Unterlassung geboten ist. Das aber ist der Fall. Der badische Verfassungsgeber zielte darauf ab, bestimmte staatsfeindliche Betätigungen zu unterdrücken. Ihre Vornahme sollte

---

[20] Somit erhält die Auslegung der Art. 17 und 18 hessVerf (vgl. oben § 5 II 1 a aa) noch nachträglich ein zusätzliches Argument. Die hessVerf konnte sich ohne weiteres auf die Rechtsfolge des Verlustes bzw. der Einengung des „Berufungsrechts" beschränken. Automatisch wird damit zugleich das Grundrecht als — positiv gewendetes — Darfrecht geschmälert. Einer besonderen Anordnung dazu bedurfte es nicht.
[21] Klemmer, S. 70.

künftig nicht mehr zulässig sein. Ein stärkeres Unwerturteil als die Aussage, der Verfassungsfeind stelle sich selbst außerhalb der Verfassung, läßt sich kaum denken[22]. Der Mißbrauch im Sinne des Art. 124 badVerf ist daher rechtswidrig, seine Abwehr echte Notwehr.

Fraglich ist, ob auch der Täter des Art. 18 GG rechtswidrig handelt. Wie die landesrechtliche Staatsschutzvorschrift zielt auch Art. 18 GG darauf ab, die Bekämpfung seines Schutzobjektes, der freiheitlichen demokratischen Grundordnung, zu verhindern. Dieses Ziel erreicht er dadurch, daß er ein inhaltlich genau umschriebenes Mißbrauchs- oder Kampfverbot aufstellt und dessen Übertretung verbietet[23]. Zwar statuiert er das Verbot nicht ausdrücklich; es muß vielmehr erst durch Auslegung aus ihm gewonnen werden. Schwierigkeiten ergeben sich dabei allerdings nicht, denn der Aufbau der grundgesetzlichen Verwirkungsvorschrift entspricht völlig dem einer Strafnorm. Auch das StGB verkündet nicht, daß der Totschlag verboten sei, sondern begnügt sich damit, an die vorsätzliche Tötung eines Menschen die Rechtsfolge der Strafe zu knüpfen. Erst der Schluß von dieser als Übel empfundenen Sanktion auf die im StGB verborgene Norm, daß die Tötung verboten ist, ergibt deren Rechtswidrigkeit. Ebenso steht es mit Art. 18 GG. Die Verhängung des Rechtsnachteils der Verwirkung zwingt zu der Folgerung, daß die im Tatbestand der Vorschrift beschriebene Handlung mit dem Makel eines gesetzgeberischen Unwerturteils behaftet und somit verboten und rechtswidrig ist[24]. Das in Art. 18 S. 1 GG enthaltene Verbot stellt somit eine Grenze oder Schranke — zumindest — für die in ihm genannten Grundrechte dar, bei deren Überschreitung sich der Handelnde in einem grundrechtsfreien Raum bewegt[25]. Ob bei einer derartigen Verbotsmißachtung sonstige Gesetze verletzt werden, ist dabei unerheblich[26].

---

[22] Ähnlich auch Herbert Krüger, DVBl 1953, 101 Anm. 46.
[23] Vgl. Reisnecker, S. 211.
[24] Scheuner, Recht—Staat—Wirtschaft III S. 141; Dürig, JZ 1952, 516 sub IV 3 b; Herbert Krüger, DVBl 1953, 101 Anm. 46; Kind, S. 38 f., 117, 122; von Mangoldt-Klein, Art. 18 Erl. III 2 a; Hartmann, S. 126; Füchtenbusch, S. 58; Gallwas, S. 159 (offengelassen S. 154 Anm. 2); Friesenhahn, Verfassungsgerichtsbarkeit S. 28; vgl. auch Scheuner, BayVBl 1963, 68. A. A. Ridder, DÖV 1963, 326, nach dem „Verfassungsfeindlichkeit" keine Steigerung gemeiner „Verfassungs(rechts)widrigkeit" ist, weil „das Verfassungsschutzsystem der Art. 9, 18 und 21 GG" ... „der Abwehr von Angriffen durch Betätigungen" diene, „die als solche an sich nicht verfassungswidrig sind, sondern nur wegen ihrer auf die Abschaffung der freiheitlichen demokratischen Grundordnung gerichteten Zielsetzung unterdrückt werden dürfen". Anders wohl noch in Gewerkschaften S. 14, wo er ausführt, daß Art. 18 GG „bestimmte Angriffe auf die freiheitliche demokratische Grundordnung illegalisiert".
[25] Vgl. Scheuner, Politische Treupflicht S. 70 f.; Füchtenbusch, S. 58, 96 Anm. 204.
[26] Geiger, BVerfGG Vorb. 6 vor § 36; Füchtenbusch, S. 99.

Auch insoweit stimmen also Art. 18 GG und Art. 124 badVerf überein, als sie bestimmte grundrechtliche Betätigungen verbieten. Das Grundgesetz geht indes noch einen Schritt weiter, da es sich nicht mit einem solchen Verbot zufriedengibt, sondern darüber hinaus die Verwirkung der mißbrauchten Grundrechte anordnet. Art. 124 badVerf verwendet zwar ebenfalls den Ausdruck „verwirkt", sagt damit aber nur, daß den Grundrechten eine inhaltliche Schranke zukommt, bei deren Überschreitung sich der Handelnde nicht mehr des grundrechtlichen Schutzes erfreut, ihn also insoweit „verwirkt". Während aber Art. 18 GG einen in die Zukunft wirkenden Grundrechtsverlust eintreten läßt, wenn im Einzelfall die durch das Mißbrauchsverbot gesetzte Schranke überschritten wird, läßt Art. 124 badVerf die Grundrechtsausübung nur solange und soweit rechtswidrig werden, als der Mißbrauch dauert und reicht. Gemeinsam ist beiden Vorschriften somit, daß sie für gewisse Einzelfälle die Unzulässigkeit der Grundrechtsausübung begründen.

ee) Saarland

Eine den Art. 17 hessVerf und 10 II rhpfVerf ähnliche Bestimmung enthält auch Art. 10 der Verfassung des Saarlandes von 15. Dezember 1947, der denjenigen, die die freiheitliche Grundordnung angreifen oder gefährden, die Berufung auf das Recht der freien Meinungsäußerung, der Versammlungs- und Vereinsfreiheit sowie das Recht der Verbreitung wissenschaftlicher oder künstlerischer Werke verwehrt.

ff) Berlin

Die später als das Grundgesetz erlassene Verfassung von Berlin vom 1. September 1950 hat es ebenfalls nicht verabsäumt, Vorkehrungen gegen Staatsfeinde zu treffen. Juristisch völlig undurchsichtig, gewährt sie zunächst in Art. 8 I die Meinungsfreiheit, solange nicht durch Meinungsäußerungen die durch die Verfassung gewährleistete Freiheit bedroht oder verletzt wird. Um ein weiteres zu tun, erklärt sie sodann in Art. 24, daß sich auf die Art. 8 und 18 (Versammlungs-, Vereins- und Streikfreiheit) nicht berufen könne, wer mißbräuchlich die Grundrechte angreife oder gefährde, insbesondere wer nationalsozialistische oder totalitäre Ziele verfolge.

gg) Ergebnis

Der Überblick über die deutschen Nachkriegsverfassungen ergibt somit, daß Art. 18 GG insoweit Vorbilder besitzt, als er ein Verbot verfassungsfeindlicher Grundrechtsausübung enthält. Neuland betritt er ebenfalls nicht mit der Verwendung des Begriffs der Verwirkung, dem schon Art. 124 badVerf die verfassungsrechtliche Weihe erteilt hat. Die Originalität des Art. 18 GG besteht vielmehr darin, daß er ihn mit einem anderen Inhalt erfüllt hat, der an die Fälle der sog. untechnischen Verwirkung aus Pflichtwidrigkeit anknüpft, die den Verlust eines Rechts oder einer Rechtsstellung mit sich bringen. Zwar enthält auch die Verwirkung des Art. 124 badVerf eine Rechtsminderung, jedoch nur eine sehr begrenzte, denn lediglich eine konkrete Mißbrauchshandlung erfolgt ohne grundrechtliche Sicherung und ist daher unzulässig, während für alle übrigen Betätigungen das Grundrecht erhalten bleibt. Dagegen ordnet Art. 18 GG an, daß das mißbrauchte Grundrecht, dessen Benutzung im Einzelfall zum Kampf gegen die freiheitliche demokratische Grundordnung ebenfalls mißbräuchlich war und die ihm gesetzten Schranken überschritt, mit genereller Wirkung für die Zukunft verwirkt, d. h. eingebüßt wird und dem Grundrechtsträger verlorengeht[27]. Dieser Ansicht, die die Grundrechtsverwirkung dem Grundrechtsverlust gleichsetzt, sind auch diejenigen Autoren zuzurechnen, die der Meinung sind, die Rechtsfolge des Art. 18 GG bestehe darin, daß der Täter den Schutz des Grundrechts einbüße[28]. Allerdings ist bei ihnen ganz unbestimmt, worin der Unterschied zwischen dem Verlust eines Grundrechts und dem Verlust des Schutzes eines Grundrechts bestehen soll. Demgegenüber lehnt eine starke — in sich jedoch uneinige und häufig recht unklare — Meinung die Auffassung der Verwirkung als Grundrechtsverlust ab. Zum Teil läßt sie das Grundrecht bestehen und versagt dem Verwirkenden nur die sich aus dem Grundrecht ergebende Ausübungsmöglichkeit[29] oder das aus ihm fließende Ausübungsrecht[30]. Andere wiederum sehen das Wesen der Verwirkung darin, daß der Täter sich nicht mehr auf das verwirkte Grundrecht berufen könne,

---

[27] BGHZ 12, 197 (201); Wernicke BK, Art. 18 Erl. II d β; Scheuner, Politische Treupflicht S. 71; Trubel-Hainka, Versammlungsrecht § 1 VersG Erl. 8; Kind, S. 40 f.; Zinn-Stein, Art. 17 Erl. 3; Löffler, Presserecht § 1 RPG Rdnr. 92; Koppert, Die Meinungsfreiheit und ihre Schranken nach dem Grundgesetz, Diss. Heidelberg 1956 S. 121; Giese, Zeitschrift für Politik 1957, 244; Werner Weber, Spannungen und Kräfte im westdeutschen Verfassungssystem, 2. A. (1958) S. 26; Hönsch, S. 78 ff. (jedoch mit Einschränkungen); wohl auch die Bundesregierung in einem Verwirkungsantrag („Entziehung der Grundrechte"), vgl. BVerfGE 11, 282. Ob von Mangoldt-Klein die Verwirkung als Grundrechtsverlust ansehen, ist zwar nach ihren Ausführungen (Art. 18 Erl. III 2 b, c, 3 b) wahrscheinlich, aber nicht ganz sicher. Dasselbe gilt von Gallwas, S. 153. Thoma, Recht—Staat—Wirtschaft III S. 9, bezeichnet die Verwirkung als Aberkennung, ohne sich weiter zu dieser Frage zu äußern.
[28] Scheuner, Recht—Staat—Wirtschaft III S. 141; Klemmer, S. 40; Reissmüller, JZ 1960, 532; Füchtenbusch, S. 97.
[29] Herbert Krüger, DVBl 1953, 100; Hartmann, S. 144, 145, 149 ff.; Hans J. Wolff, Verwaltungsrecht I § 33 V c.
[30] Dürig, JZ 1952, 517 f.; Lechner, BVerfGG § 13 Nr. 1 Erl. 1; Hamann, Art. 18 Erl. B 5.

wobei ihm aber das Grundrecht als solches erhalten bleibe[31]. Nur eine unwesentliche Abweichung liegt in der Formulierung, daß der Verwirkende nicht das Grundrecht, sondern lediglich dessen verfassungsrechtliche Garantie einbüße[32] oder daß durch die Verwirkung der Charakter der Grundrechte als subjektiver Rechte vernichtet werde[33]. Allen diesen Spielarten der Grundrechtsverwirkung ist gemeinsam, daß sie das Grundrecht als solches (die Grundrechtssubstanz) bestehen lassen und die Rechtsminderung auf die Einbuße mehr oder minder ominöser Ausübungs-, Ausfluß-, Berufungs- oder Schutzrechte beschränken, die den Grundrechten irgendwie innewohnen, anhaften oder entspringen sollen. Zur Begründung dieser Ansicht wird zumeist angeführt, es sei mit dem Wesen der Grundrechte als vorstaatlicher, überpositiver, unveräußerlicher und unverzichtbarer Rechte nicht vereinbar, wenn das Grundgesetz ihren Verlust vorsehe[34]. Eines Eingehens auf diese mehr ideologischen als juristischen Fragen bedarf es jedoch im Rahmen der vorliegenden Arbeit nicht. Denn die Pressefreiheit ist jedenfalls kein aller menschlichen Ordnung vorgegebenes Recht, sondern ein Produkt des Fortschritts der Technik. Gegen ihren Verlust im Wege der Verwirkung bestehen daher keine Bedenken. Der Verwirkende kann sich somit nicht mehr auf ein Darfrecht stützen, und der Staat wird nicht mehr durch ein negatorisches Abwehrrecht zur Duldung verpflichtet[35].

b) Entstehungsgeschichte des Grundgesetzes

Diese Auslegung des Art. 18 GG wird durch seine Vorgeschichte zumindest nicht widerlegt.

Der Konvent von Herrenchiemsee hatte Art. 20 seines Entwurfs, der dem heutigen Art. 18 GG entsprach, wie folgt formuliert:

---

[31] Friesenhahn, Thoma-Festschrift S. 51; Geiger, BVerfGG Vorb. 4 vor § 36, § 39 Erl. 3; Echterhölter, JZ 1953, 658; von Mangoldt, Art. 18 Erl. 2; Wagner, S. 38; Reisnecker, S. 213; Füchtenbusch, S. 100 (im Gegensatz zu S. 97); Maunz, Deutsches Staatsrecht § 15 II 2; Maunz-Dürig, Art. 18 Rdnr. 58 ff.
[32] Geiger, BVerfGG Vorb. 4 vor § 36, § 39 Erl. 3; Schmitz, S. 99; Giese-Schunck, Art. 18 Erl. II 2; Friesenhahn, Verfassungsgerichtsbarkeit S. 95 f.; ähnlich auch die Begründung der Bundesregierung zu § 35 des Entwurfs eines BVerfGG (BT-DrS. 788/I S. 29).
[33] Hlawaty, S. 94, 96.
[34] Vgl. zu diesen Bedenken Nawiasky, Die Grundgedanken des Grundgesetzes für die Bundesrepublik Deutschland (1950) S. 21; Apelt, JZ 1951, 354; Dürig, JZ 1952, 512, 517; ZgesStW 109 (1953), 327; Grundrechte II S. 521 Anm. 58; Hlawaty, S. 84 ff.; Klein, DVBl 1953, 678; von Mangoldt-Klein, Art. 18 Erl. III 2 b; Reisnecker, S. 212 f.; Schmitz, S. 99; Maunz-Dürig, Art. 18 Rdnr. 58; Hans J. Wolff, Verwaltungsrecht I, § 33 V c; Hönsch, S. 79 ff.
[35] Ähnlich auch die Begründung der Bundesregierung zu § 35 des Entwurfs eines BVerfGG (BT-DrS. 788/I S. 29): Beseitigung der Schranken für den Staat. Vgl. ferner Kessler, S. 98; Kind, S. 39 f.; Lechner, BVerfGG § 13 Nr. 1 Erl. 1.

(1) Wer die Grundrechte der Freiheit der Meinungsäußerung (Art. 7 Abs. 1), der Pressefreiheit (Art. 7 Abs. 2), der Versammlungsfreiheit (Art. 8) oder der Vereinigungsfreiheit (Art. 9) zum Kampf gegen die freiheitliche demokratische Grundordnung mißbraucht, verwirkt damit das Recht, sich auf diese Grundrechte zu berufen.

(2) Ob diese Voraussetzung vorliegt, entscheidet auf Beschwerde das Bundesverfassungsgericht.

Das badische Vorbild ist in dieser Fassung noch deutlich spürbar, insbesondere in der Wendung, daß der Verfassungsfeind das Recht verwirkt, sich auf die von ihm mißbrauchten Grundrechte zu berufen. Allerdings fehlt der in Art. 124 badVerf vorhandene Hinweis darauf („... gegenüber Notwehrhandlungen des Staates ..."), wann und wem gegenüber die Berufung auf die Grundrechte ausgeschlossen sein sollte. Es kann hier jedoch dahingestellt bleiben, ob die Verwirkung des Art. 20 HChE — wie in Art. 124 badVerf — nur die Unzulässigkeit der Grundrechtsausübung im einzelnen Mißbrauchsfall bedeutete oder über das Mißbrauchsverbot hinaus auch einen in die Zukunft wirkenden Grundrechtsverlust darstellte. Denn der Hauptausschuß des Parlamentarischen Rates verkürzte den Wortlaut und sah als Rechtsfolge des Mißbrauchs nicht mehr die Verwirkung irgendeines Rechts zur Berufung auf Grundrechte vor, sondern ordnete die Verwirkung der genannten Grundrechte an[36]. Dogmatische Überlegungen über das Wesen der Grundrechtsverwirkung wurden nicht angestellt. Lediglich der Abgeordnete Dr. Dehler faßte sie in einem Antrag ausdrücklich als Verlust der mißbrauchten Grundrechte auf[37]. Die Entstehungsgeschichte ist insoweit für die Auslegung des Art. 18 GG somit wenig ergiebig. Jedoch steht sie der Auffassung, daß die Verwirkung der Grundrechte als deren Verlust anzusehen sei, wenigstens nicht entgegen.

2. Die Folgen des Grundrechtsverlusts

Derjenige, der die Pressefreiheit zum Kampf gegen die freiheitliche demokratische Grundordnung mißbraucht, verliert also dieses Grundrecht. Unerheblich ist in diesem Zusammenhang, welche Bedeutung für die Herbeiführung der Verwirkung dem Ausspruch des Bundesverfassungsgerichts nach Art. 18 S. 2 GG, §§ 13 Nr. 1, 36 ff. BVerfGG zukommt. Zweifelhaft ist insbesondere, ob die Entscheidung deklato-

---

[36] von Doemming-Füßlein-Matz, JöR NF 1 (1951), 172.
[37] von Doemming-Füßlein-Matz, JöR NF 1 (1951), 174.

rische³⁸ oder konstitutive³⁹ Wirkung hat und ob sie mit Rückwirkung⁴⁰ oder mit Wirkung ex nunc⁴⁰ᵃ ausgestattet ist.

Im folgenden wird nunmehr die Frage erörtert, welche Rechtsfolgen der Grundrechtsverlust hat. Vornehmlich geht es darum, ob die Verwirkung eine dem strafrechtlichen Berufsverbot des § 42 l StGB vergleichbare Rechtsfolge nach sich zieht. Das wäre dann der Fall, wenn der Täter durch die Verwirkung die Befugnis verlöre, in Presseerzeugnissen seine Meinung zu äußern oder Tatsachen zu berichten. Das Problem ist somit: Handelt er rechtswidrig, wenn er es tut, oder ist seine weitere Pressetätigkeit nicht rechtswidrig, sondern nur des grundrechtlichen Schutzes bar? Bei der ersten Alternative würde die Verwirkung ein automatisches Berufsverbot mit sich bringen, so daß Art. 18 GG dieselbe Rechtsfolge wie § 42 l StGB enthielte.

Rechtswidrig ist menschliches Tun, wenn es gegen ein normatives Verbot oder Gebot verstößt. Mit der Verwirkung werden die Handlungen, die vor dem Eintritt der Verwirkung grundrechtlich geschützt waren, zu grundrechtlich ungeschützten Betätigungen. Der gegen den Staat gerichtete Duldungsanspruch besteht nicht mehr; der Staat ist nicht mehr zur Duldung solcher Handlungen verpflichtet, die unter den sachlichen Geltungsbereich des — nunmehr verwirkten — Grundrechts fallen und auch in der Person des Mißbrauchenden vor der Verwirkung darunter gefallen sind. Betätigt sich der Verwirkende weiterhin als Presseangehöriger, so bewegt er sich für seine Person in einem grundrechtlich nicht gesicherten Raum und kann dem ihm entgegentretenden Staat keinen negatorischen, d. h. auf Abwehr gerichteten Unterlassungsanspruch (mehr) entgegenhalten. Derartige nicht mehr auf ein Darfrecht gestützten Betätigungen sind aber nur dann rechtswidrig, wenn im Augenblick der Verwirkung ein Verbot einsetzt, das dem

---

³⁸ von Mangoldt, Art. 18 Erl. 2.
³⁹ BGHZ 12, 197 (200); Friesenhahn, Thoma-Festschrift S. 51; Verfassungsgerichtsbarkeit S. 95; Süsterhenn-Schäfer, Kommentar der Verfassung für Rheinland-Pfalz (1950) Art. 133 Erl. 2 c; Wernicke, BK Art. 18 Erl. II b β; Dürig, JZ 1952, 513 f.; Echterhölter, JZ 1953, 657; Hlawaty, S. 99; Kessler, S. 96; Trubel-Hainka, Versammlungsrecht § 1 VersG Erl. 8; Lechner, BVerfGG § 13 Nr. 1 Erl. 1, § 39 Erl. 1; Löffler, Presserecht § 1 RPG Rdnr. 92; Wagner, S. 36, 39; von Mangoldt-Klein, Art. 18 Erl. IV 2 c; Lechner-Hülshoff, Parlament und Regierung, 2. A. (1958) S. 472; Giese-Schunck, Art. 18 Erl. II 3; Hartmann, S. 148; Reissmüller, JZ 1960, 532 Anm. 29; Reisnecker, S. 209; Füchtenbusch, S. 96, 97; Gallwas, S. 194; Maunz, Deutsches Staatsrecht § 15 II 2; Schmitz, S. 109; Hönsch, S. 37; Hans J. Wolff, Verwaltungsrecht I § 33 V c; Zink, Asylrecht S. 251; Maunz-Dürig, Art. 18 Rdnr. 67; wohl auch Drews-Wacke, Allgemeines Polizeirecht S. 130 f.; vermittelnd und unklar Geiger, BVerfGG § 39 Erl. 4.
⁴⁰ Dürig, JZ 1952, 517; Kessler, S. 97.
⁴⁰ᵃ Wernicke, BK Art. 18 Erl. II 2 b β; Echterhölter, JZ 1953, 657; von Mangoldt-Klein, Art. 18 Erl. IV 2 c; Lechner-Hülshoff a.a.O.; Giese-Schunck, Art. 18 Erl. II 3; Hartmann, S. 149; Schmitz, S. 109; Hönsch, S. 39; Hans J. Wolff, Verwaltungsrecht I § 33 V c; Maunz-Dürig, Art. 18 Rdnr. 68.

— bisherigen — Grundrechtsträger verbietet, künftig solche Handlungen vorzunehmen. Ein solches Verbot besteht jedoch nicht. Vielmehr gilt auch hier der Satz: Alles, was nicht verboten ist, ist erlaubt[41]. Dies ergibt sich aus folgenden Erwägungen:

Die Ausübung von Grundrechten ist nicht „an sich" ein Einbruch in die Sphäre des Staates, die dieser nur deshalb hinzunehmen habe, weil er durch die Grundrechte gebunden sei[42]. Das Grundgesetz geht vielmehr von der Freiheit des einzelnen aus, in die der Staat nur dann eingreifen darf, wenn er sich auf eine besondere Legitimation stützen kann[43]. Nicht die Grundrechte schlagen Breschen in die Wälle des omnipotenten Staates, sondern die staatlichen Freiheitsbeschränkungen sind Eingriffe in die — jedenfalls nach unserer Verfassung — ursprüngliche Freiheit des einzelnen. Nach dem Grundgesetz besteht ein Primat der Freiheit: „Nicht das Freisein vom staatlichen Zwange, sondern die staatliche Beschränkung der Freiheit (bedarf) einer besonderen Legitimation"[44]. Wer sich bei seinen Handlungen nicht auf ein Grundrecht zu stützen vermag, handelt zwar ohne Recht, aber nicht rechtswidrig[45], denn er dringt nicht in einen fremden Rechtsbereich ein.

Bestätigt wird diese Ansicht durch die Notstandsregelungen, die die Möglichkeit vorsehen, unter bestimmten Voraussetzungen Grundrechte zu suspendieren[46]. Die Suspension der Grundrechte schafft diese zwar nicht ab, setzt sie aber für eine bestimmte Zeit außer Kraft. Während dessen berechtigen sie den einzelnen nicht und begründen auch keine Duldungspflicht für den Staat. Ihre Suspension bewirkt indes nicht, daß jede ehedem grundrechtlich geschützte Tätigkeit rechtswidrig wird. Der Staat bekommt lediglich erweiterte Eingriffsmöglichkeiten, um in der Stunde der Not bestehen zu können[47]. Es ist deshalb richtig, wenn Art. 18 GG zu Art. 48 WRV in Beziehung gesetzt wird[48].

Weiterhin würde sich bei der Annahme der Rechtswidrigkeit grundrechtsloser Betätigung die eigenartige Folge ergeben, daß beim Fehlen eines Grundrechts der allgemeinen Handlungsfreiheit — wie etwa in der Weimarer Verfassung — jede nicht durch ein Spezialgrundrecht gedeckte Tätigkeit rechtswidrig wäre.

---

[41] Carl Schmitt, HdbchDStR II S. 591 Anm. 70; Kelsen, Reine Rechtslehre S. 43, 131.
[42] So noch Giese, Die Grundrechte (1905) S. 57, 60 und Anm. 3.
[43] Ähnlich von Köhler, DVBl 1958, 191.
[44] Bachof, VVDStRL 12 (1954), 73; Jellinek-Gedächtnisschrift S. 301.
[45] Ähnlich Kind, S. 85 ff., 91; Lechner, BVerfGG § 39 Erl. 1; Gallwas, S. 177; Hönsch, S. 96.
[46] z. B. Art. 48 II 2 WRV.
[47] Vgl. zu Art. 48 WRV Anschütz, Art. 48 Erl. 15.
[48] Ipsen, Grundrechte II S. 132; Werner Weber a.a.O. (Anm. 27) S. 29; auch Füchtenbusch, S. 100, 101, spricht von der Suspendierung, der verwirkten Grundrechte. Gegen einen solchen Vergleich: von Mangoldt, Art. 18 Erl. 2; Ridder, Grundrechte II S. 286; von Mangoldt-Klein, Art. 18 Erl. II 2.

Eine Bestätigung dieser Auffassung ergibt sich auch aus § 39 I 3 BVerfGG, wonach das Bundesverfassungsgericht mit dem Ausspruch der Verwirkung zugleich genau bezeichnete Beschränkungen verhängen kann, die nicht in andere als die verwirkten Grundrechte eingreifen dürfen und nach § 39 I 4 BVerfGG der Exekutive als Ermächtigungsgrundlage dienen sollen. Die Bestimmung wäre überflüssig, wenn jede in den sachlichen Bereich des verwirkten Grundrechts fallende Handlung rechtswidrig wäre; denn dann wäre die Verwaltung schon nach den Grundsätzen des Polizeirechts berechtigt, den Störer von weiteren Störungen abzuhalten.

Entgegen der hier vertretenen Meinung, daß die Verwirkung nicht zur Rechtswidrigkeit der an sich unter den Geltungsbereich des verwirkten Grundrechts fallenden Betätigung führt[49], nehmen Zinn-Stein[50] an, die den Verlust des Grundrechts mit sich bringende Verwirkung bewirke, daß die an sich von ihm gedeckte Handlung rechtswidrig werde. Das wird zwar nicht ausdrücklich gesagt, ergibt sich aber aus dem erörterten Beispiel:

„Hat das BVerfG ... einem Verein das Recht der Versammlungsfreiheit für ein Jahr gemäß Art. 18 GG entzogen, dann darf dieser Verein in diesem Zeitraum überhaupt keine Versammlung abhalten. Die Polizei könnte jede Versammlung dieses Vereins innerhalb dieses Zeitraums verbieten."

Eine Begründung für die Ansicht, die nach dem oben Gesagten falsch ist, wird allerdings nicht gegeben.

Unklar ist die Stellungnahme des Bundesgesetzgebers in § 1 II Nr. 1 des Gesetzes über Versammlungen und Aufzüge (Versammlungsgesetz) vom 24. Juli 1953 (BGBl. I S. 684), wonach das Recht, öffentliche Versammlungen und Aufzüge zu veranstalten und an solchen Veranstaltungen teilzunehmen, nicht hat, „wer das Grundrecht der Versammlungsfreiheit gemäß Artikel 18 des Grundgesetzes verwirkt hat". Es ist zweifelhaft, ob das Gesetz davon ausgeht, daß die Verwirkung der Versammlungsfreiheit ein automatisches Verbot mit sich bringt, das es nur deklaratorisch wiederhole[51], oder ob es die Verwirkung lediglich als Tatbestandselement benutzt, um konstitutiv ein solches Verbot zu verhängen, oder ob es schließlich überhaupt kein Verbot aufstellt, sondern nur die — ebenfalls nicht verbietende — Rechtsfolge des Art. 18 GG repetiert. Welcher Ansicht das Gesetz folgt, kann allein aus den Rechtsfolgen geschlossen werden, die es an die Verwirkung der Versammlungsfreiheit knüpft. Öffentliche Versammlungen in geschlossenen Räumen können nach § 5 Nr. 1 verboten und nach § 13 I Nr. 1 auf-

---
[49] So für das Grundrecht des Eigentums auch von Mangoldt-Klein Art. 18 Erl. III 3 b.
[50] Art. 17 Erl. 3.
[51] So Füßlein, Versammlungsgesetz § 1 Erl. 6.

gelöst werden, wenn der Veranstalter unter die Vorschrift des § 1 II Nr. 1 fällt. Dagegen finden sich keine Bestimmungen für Leiter (§§ 7, 8, 18), Ordner (§§ 9, 18) und Teilnehmer (§§ 10, 18) solcher Veranstaltungen, die das Recht der Versammlungsfreiheit verwirkt haben. Füßlein, der Kommentator und mutmaßliche Redaktor des Versammlungsgesetzes, steht auf dem Standpunkt, daß § 1 II nur deklaratorische, die Ausschlußgründe des Grundgesetzes wiederholende Bedeutung habe und für die Personen, die das Grundrecht der Versammlungsfreiheit verwirkt hätten, daher Verbote enthalte[52]. Da das VersG jedoch Rechtsfolgen bei Verstoß gegen Verbote des § 1 II nur für den Veranstalter aufstelle, sei es bei Verletzungen durch andere Personen Aufgabe der Polizei, auf Grund polizeilicher Vorschriften (in Verbindung mit der Strafnorm des § 42 BVerfGG) gegen sie vorzugehen. Verdeutlicht wird die Ansicht Füßleins insbesondere durch seinen Hinweis auf die Strafvorschrift des § 42 BVerfGG, wonach unter anderem „vorsätzliche Zuwiderhandlungen gegen eine Entscheidung des Bundesverfassungsgerichts ... mit Gefängnis ... bestraft" werden. Nur wenn die Verwirkung eines Grundrechts ein automatisches Verbot weiterer Grundrechtsausübung enthält oder auslöst, kann eine (rechtswidrige) Zuwiderhandlung gegen die Verwirkungsentscheidung vorliegen, die dann die Polizei zum Einschreiten ermächtigt[53]. Indes wird auch hier wiederum keine Begründung dafür gegeben, warum die an sich dem sachlichen Geltungsbereich des verwirkten Grundrechts unterfallenden Handlungen rechtswidrig sein sollen. Es läßt sich allerdings darüber reden, ob nicht § 1 II Nr. 1 VersG über eine bloße deklaratorische Wiederholung der Rechtsfolge des Art. 18 GG hinaus Verbote für die Betroffenen enthält. Jedoch kommt es für diese Arbeit, die sich allein mit der grundgesetzlichen Verwirkung beschäftigt, nicht darauf an, ob andere Gesetze die (bloße) Rechtslosigkeit des Verwirkenden zur Rechtswidrigkeit steigern.

Die hier vertretene Meinung wird überdies von Geiger[54] und Lechner[55] bestätigt, die beide eine Strafbarkeit nach § 42 BVerfGG ablehnen,

---

[52] VersG § 1 Erl. 6. Bestätigt wird dies durch die Behauptung Füßleins (VersG S. 15 sub e), daß die Verwirkung der — vom VersG bis auf die §§ 3, 4, 21, 23 und 28 nicht geregelten — nichtöffentlichen Versammlungsfreiheit dieselbe Rechtsfolge habe wie nach § 1 II Nr. 1 bei öffentlichen Versammlungen. Er knüpft also schon an die Verwirkung des Art. 18 GG ein Verbot, solche Handlungen vorzunehmen, die an sich (d. h. ohne die Verwirkung) unter den Geltungsbereich des (nunmehr verwirkten) Grundrechts fallen würden. Vgl. auch § 1 Erl. 7, wo er ausführt, die Verwirkung der Versammlungsfreiheit mache die Veranstaltung einer Versammlung rechtlich unmöglich.
[53] Auch Drews-Wacke, Allgemeines Polizeirecht S. 130 f., nehmen im Falle der Verwirkung polizeiwidriges Handeln des grundrechtslos Handelnden an. Unklar Löffler, Presserecht S. 439 Rdnr. 22, nach dem die Verwirkung (der Pressefreiheit) „praktisch" einem Berufsverbot gleichkommt.
[54] BVerfGG § 42 Erl. 2.
[55] BVerfGG § 42 Erl. 1 a; ebenso auch Kessler, S. 103.

wenn die Entscheidung des Bundesverfassungsgerichts sich darauf beschränkt, lediglich die Verwirkung auszusprechen; sie messen demnach der Verwirkung keine Verbotswirkung zu. Im übrigen wird zu diesem Problem in der Literatur nicht Stellung genommen.

Das Ergebnis lautet somit: Wer ein Grundrecht nach Art. 18 GG verwirkt, verliert es zwar; betätigt er sich aber weiter in dem vor der Verwirkung grundrechtlich gesicherten Bereich, so handelt er nicht rechtswidrig, sondern nur rechtlos. Jedoch gibt es eine Einschränkung: Handlungen, die die freiheitliche demokratische Grundordnung bekämpfen, sind stets rechtswidrig, sowohl vor als nach der Verwirkung. Hier läßt sich aber auch eine Verbotsnorm nachweisen, denn Art. 18 GG verbietet derart kämpferische Maßnahmen[55a]. Dieses Verbot gilt erst recht nach dem Eintritt der Verwirkung weiter. Dagegen verstoßende Handlungen sind immer rechtswidrig.

Im Falle der Verwirkung der Pressefreiheit tritt also kein automatisches Presse- oder Presseberufsverbot ein. Der Presseangehörige erfreut sich bei Fortsetzung seiner Tätigkeit lediglich nicht mehr des grundrechtlichen Schutzes.

III. Der Rechtszuwachs des Staates

1. Bei Feststellung der Grundrechtsverwirkung nach Art. 18 S. 2 GG, § 39 I S. 1 BVerfGG

Trotz des Fehlens eines unmitelbar durch den Eintritt der Verwirkung herbeigeführten Presse(berufs)verbots wäre die Rechtsfolge des Art. 18 GG mit der des § 42 1 StGB identisch, wenn die Feststellung der Verwirkung nach Art. 18 S. 2 GG, § 39 I 1 BVerfGG dem Staat (wenigstens) die Möglichkeit gäbe, konstitutiv ein an den Verwirkenden gerichtetes Verbot auszusprechen, sich künftig in der Presse zu betätigen. Ein derartiges Verbot hätte schon deshalb große Ähnlichkeit mit dem strafrechtlichen Berufsverbot, weil auch dieses erst durch staatlichen Hoheitsakt in Kraft tritt.

A. Der Rechtszuwachs der Exekutive

Dem Staatsschutzzweck des Art. 18 GG würde es wohl am meisten entsprechen, wenn die Grundrechtsverwirkung die schlagkräftige Verwaltung — insbesondere die Polizei — ermächtigte, gegen den Staatsfeind vorzugehen und diejenigen Maßnahmen zu ergreifen, die erforderlich sind, um Gefahren für die freiheitliche Grundordnung abzu-

---

[55a] Vgl. oben § 5 II 1 B a dd).

§ 5: Die Verwirkung von Grundrechten 63

wehren. Zum Teil wird deshalb auch die Meinung vertreten, die Verwirkung bedeute grünes Licht für die Exekutive und berechtige die Polizei ohne weiteres zum Einschreiten[56]. Diese Ansicht ließe sich dogmatisch damit begründen, daß nunmehr der Grundsatz vom Vorbehalt des Gesetzes, nach dem Eingriffe in Freiheit und Eigentum stets einer gesetzlichen Grundlage bedürfen[57], ausgeschaltet sei, da das Eingriffsobjekt, das zu schützende Grundrecht, durch die Verwirkung beseitigt sei. Dem könnte allerdings entgegengehalten werden, daß trotz des Fehlens der (grundrechtlichen) Freiheit ein „Eingriff" oder — genauer gesagt — eine Belastung gegenüber dem Verwirkenden deshalb unzulässig sei, weil die Verwaltung an Gesetz und Recht gebunden sei, die sie selbst dann nicht durchbrechen dürfe, wenn im Einzelfall keine (zusätzliche) Bindung an ein Grundrecht bestehe. Zwar entfalle das Darfrecht des Täters und die Duldungspflicht des Staates, doch sei die Verwaltung sowohl an die Grundrechte (Art. 1 III GG) als auch an die übrige Rechtsordnung (Art. 20 III GG) gebunden, so daß beim Wegfall der einen Fessel — dem Grundsatz vom Vorbehalt des Gesetzes — die andere — der Grundsatz vom Vorrang des Gesetzes — ihre Bindungswirkung beibehalte. Dem Verwirkenden komme somit zugute, daß die Rechtssätze als abstrakt-generelle Vorschriften auf den Normalfall zugeschnitten seien, wonach jeder Normadressat zugleich auch Grundrechtsträger sei. Deshalb enthielten sie für die Ausnahme der Verwirkung keine besondere Bestimmung[58].

Dieser Streit müßte jedoch nur dann ausgetragen werden, wenn die Grundrechtsverwirkung ausschließlich in Art. 18 GG geregelt wäre. Sie hat indes ihre Ergänzung in den §§ 36 ff. BVerfGG gefunden, die die Befugnisse der Exekutive weitgehend einschränken. Nach § 39 I stellt das BVerfG im Falle der Begründetheit des Antrages die Verwirkung fest;

---

[56] Wernicke, BK Art. 18 Erl. II 2 d β; Trubel-Hainka, Versammlungsrecht § 1 Erl. 8 (unklar); Füßlein, Versammlungsgesetz § 1 Erl. 6; Zinn-Stein, Art. 17 Erl. 3; Drews-Wacke, Allgemeines Polizeirecht S. 130 f.; wohl auch BGHZ 12, 197 (202 sub 2). Im Ansatz wie die Genannten ebenfalls Lechner, BVerfGG § 39 Erl. 2, der indes ausdrücklich hervorhebt, daß das exekutivische Recht zum Einschreiten durch allgemeine rechtsstaatliche Grundsätze begrenzt werde.
[57] BVerfGE 8, 155 (166 f.); VGH Kassel, DVBl 1963, 445 m. Anm. Menger, VA 54 (1963), 394; Jellinek, Verwaltungsrecht S. 88; Peters, Lehrbuch der Verwaltung S. 71; Huber-Festschrift S. 207 f., 210; Maunz-Dürig, Art. 20 Rdnr. 124 ff.; Forsthoff, Lehrbuch des Verwaltungsrechts S. 113 f.; Jesch, Gesetz und Verwaltung (1961) passim; Mallmann, VVDStRL 19 (1961), 166; Bullinger, Vertrag und Verwaltungsakt (1962) S. 93; Hans J. Wolff, Verwaltungsrecht I §§ 30 III a, 47 VI a.
[58] Vgl. dazu die Begründung der Bundesregierung zu § 35 des Entwurfs des BVerfGG (BT-DrS. Nr. 788/I 29). Ähnlich Herbert Krüger, DVBl 1953, 101, nach dem den Gesetzen die Beschränkung durch die Grundrechte inhaerent ist. S. auch Klemmer, S. 55 f.; Füchtenbusch, S. 101; Hönsch, S. 91 ff. Dagegen nimmt Kind, S. 96 ff., an, mit der Grundrechtsverwirkung würden auch die Vorschriften verwirkt, die dem Schutz der Grundrechte dienten.

dabei „kann (es) dem Antragsgegner auch nach Art und Dauer genau bezeichnete Beschränkungen auferlegen, soweit sie nicht andere als die verwirkten Grundrechte beeinträchtigen; insoweit bedürfen die Verwaltungsbehörden zum Einschreiten keiner weiteren gesetzlichen Grundlage". § 39 I 4 BVerfGG geht also davon aus, daß der von der Verwirkung Betroffene nicht als vogelfrei zum Spielball exekutivischen Ermessens wird, sondern daß ein Vorgehen gegen ihn stets eine rechtssatzmäßige Ermächtigung erfordert. Nur für bestimmte Fälle („insoweit") ist eine „weitere" gesetzliche Grundlage nicht nötig, denn bei deren Vorliegen ist § 39 I BVerfGG selbst die Eingriffsermächtigung, auf die sich die Verwaltung unmittelbar stützen kann. Das BVerfGG stellt demnach den seiner Grundrechte beraubten Verfassungsfeind nicht außerhalb der Rechtsordnung; es weist vielmehr die Exekutive an, nur dann gegen ihn vorzugehen, wenn sie ihre Maßnahmen durch eine Norm decken kann. Diesen Standpunkt hatte schon die Bundesregierung in ihrer Begründung zum Entwurf des BVerfGG eingenommen, wo sie erklärte, daß die Verwirkung nicht den Grundsatz der Gesetzmäßigkeit der Verwaltung beseitige[59]. Ihre Ansicht wird im Hinblick auf den eindeutigen Wortlaut des § 39 I 4 BVerfGG auch überwiegend geteilt[60]. Die bloße Tatsache der Grundrechtsverwirkung berechtigt somit die Verwaltung noch nicht zum Einschreiten. Sie benötigt auch in einem solchen Fall eine Eingriffsgrundlage.

Eine besondere gesetzliche Ermächtigung, die an die Verwirkung der Pressefreiheit anknüpft, gibt es nicht. Jedoch könnte § 39 I BVerfGG eine ausreichende Eingriffsbefugnis für die Exekutive darstellen. Unzweifelhaft ist die Rechtslage, wenn das BVerfG dem Antragsgegner „genau bezeichnete Beschränkungen" nach § 39 I 3 BVerfGG auferlegt hat. Insoweit bedarf es keiner weiteren gesetzlichen Grundlage. Das Problem hier ist indes, ob sich das „insoweit" des § 39 I 4 BVerfGG auch auf eine Entscheidung nach § 39 I 1, 2 BVerfGG bezieht, die sich mit dem bloßen Ausspruch der Verwirkung begnügt und von der Möglichkeit des § 39 I 3 BVerfGG, Einzelbeschränkungen zu verhängen, keinen Gebrauch macht.

Dagegen spricht zunächst, daß die dem BVerfG eingeräumte Befugnis nach § 39 I 3 BVerfGG überflüssig wäre, wenn die Verwaltung bereits aufgrund des reinen Verwirkungsausspruchs berechtigt wäre, gegen den „Verwirker" vorzugehen. Dem kann auch nicht entgegengehal-

---

[59] BT-DrS. 788/I S. 29.
[60] Dürig, JZ 1952, 518; Geiger, BVerfGG § 39, Erl. 3; Echterhölter, JZ 1953, 658; Hlawaty, S. 94 f.; Kessler, S. 93, 100; Herbert Krüger, DVBl 1953, 100 f.; Kind, S. 79 ff., 91; Klemmer, S. 55; von Mangoldt-Klein, Art. 18 Erl. III 2 c; Hamann, Art. 18 Erl. B 5; Reisnecker, S. 213; Füchtenbusch, S. 101; Gallwas, S. 125; Schmitz, S. 113; Hönsch, S. 94 ff., 98; Friesenhahn, Verfassungsgerichtsbarkeit, S. 96; Maunz-Dürig, Art. 18 Rdnr. 78 ff.

ten werden, das Recht zur Auferlegung von Einzelbeschränkungen sei deshalb nötig, um willkürliche Akte der Exekutive zu verhindern. Diese könnte das BVerfG schon dadurch weitgehend ausschalten, daß es die Verwirkung auf Teile eines Grundrechts beschränkte, was nach Art. 18 S. 2 GG zulässig ist[61].

Weiterhin erscheint die verwaltungsbehördliche Vollziehbarkeit der Feststellung der Verwirkung auch aus folgendem Grunde ausgeschlossen: Die Beschränkungen, die das BVerfG dem Antragsgegner nach § 39 I 3 BVerfGG auferlegen kann, sind an enge Voraussetzungen geknüpft. Sie müssen nämlich nach Art und Dauer genau bezeichnet sein. Wenn also selbst das BVerfG an die straffe Kette des Gesetzes gelegt wurde, ist es unwahrscheinlich, daß bei der pauschalen Aberkennung eines Grundrechts die Verwaltung gegen den Verfassungsfeind soll vorgehen können, ohne daß die Bedingungen und Formen ihres Handelns näher umrissen sind. Was dem BVerfG hier versagt ist, kann der Exekutive nicht erlaubt sein.

Überdies wäre die Verhängung von Einzelanordnungen sinnlos, wenn die Verwaltung außerdem das Recht hätte, auf den Verwirkungsausspruch zurückzugreifen. Denn auf diesem Wege würde gerade die begrenzende und den Betroffenen schützende Funktion des § 39 I 3 BVerfGG umgangen.

Schließlich steht auch die Entstehungsgeschichte des § 39 BVerfGG der These entgegen, daß die Verwaltungsbehörden aufgrund der bloßen Verwirkungsentscheidung berechtigt seien, Maßnahmen gegen den Täter zu verhängen. In ihrer Begründung zum Entwurf des BVerfGG führte die Bundesregierung aus[62]: Der Ausspruch über die Verwirkung allein beseitige nur die besondere Rechtsgarantie, die dem Grundrecht innewohne, und vernichte somit lediglich die Schranke, die das Grundrecht für den Staat bilde. Jedoch bleibe die Bindung der Verwaltung an das Gesetz bestehen; daher erhalte die Exekutive gegenüber demjenigen, der ein Grundrecht verwirkt habe, keine freiere Stellung. Um dem, der eines Grundrechts verlustig gegangen sei, Beschränkungen auferlegen zu können, habe das BVerfG die Befugnis zu deren Verhängung bekommen.

Auch der Abgeordnete Neumayer stellte vor dem Bundestag ausdrücklich fest, daß der Verwirkungsausspruch allein die Verwaltungsbehörde nicht zum Einschreiten berechtige, es sei denn, daß sie eine gesetzliche Grundlage habe; erst die Verhängung von Beschränkungen

---

[61] Dürig, JZ 1952, 517; Kessler, S. 92; Lechner, BVerfGG § 39 Abs. I Erl. 2; von Mangoldt-Klein, Art. 18 Erl. III 3 vor a; Reisnecker, S. 214 ff.; Füchtenbusch, S. 100; Hönsch, S. 83 ff.; a. A. Geiger, BVerfGG § 39 Erl. 2.
[62] BT-DrS. 788/I S. 29.

durch das BVerfG ermögliche es der Exekutive, ohne weiteres gegen den Betroffenen vorzugehen[63].

Die Verwaltung hat somit nach § 39 I 4 BVerfGG kein Recht, gegen den Verwirkenden einzuschreiten, wenn das BVerfG davon absieht, besondere Anordnungen zu treffen, und lediglich festgestellt, daß er ein Grundrecht oder mehrere Grundrechte verwirkt hat[64].

Die Polizei kann auch nicht die polizeiliche(n) Generalklausel(n) als Gesetz heranziehen, um gegen Verfassungsfeinde, denen ein Grundrecht aberkannt wurde, etwas zu unternehmen. Denn die Tatsache der bloßen Verwirkung führt noch nicht die Rechtswidrigkeit der sich im Bereich des verwirkten Grundrechts abspielenden Handlungen herbei, so daß es an einem polizeiwidrigen Zustand fehlt. Nur wenn der Verwirkende weiterhin die freiheitliche demokratische Grundordnung bekämpft, handelt er rechtswidrig, da das Kampfverbot auch nach der Verwirkung seine Kraft behält[65].

Für die Verwaltung ist es also gleichgültig, ob jemand ein Verwirkungsverfahren durchlaufen hat. Ihre Rechtsstellung wird dadurch nicht verbessert. Mit Recht wird deshalb gesagt, daß die Verwirkung der Exekutive wenig gebe[66], ihrem Gegner keine Schlechterstellung bringe[67], keine große praktische Bedeutung habe[68] und insgesamt ein Schlag ins Wasser sei[69]. Die Wertlosigkeit der Verwirkung für die Verwaltung mag zwar bedauerlich sein; immerhin steht sie mit dem Grundgesetz nicht in Widerspruch. Da die Verwirkung nur den Verlust des grundrechtlichen Darfrechtes bedeutet, aber nicht jede an sich vom (verwirkten) Grundrecht gedeckte Handlung rechtswidrig macht, durfte das BVerfGG es bei dieser Rechtsfolge belassen und brauchte sie nicht zu einer schärferen Waffe zu schmieden. Nur wenn Art. 18 GG zwingend vorgeschrieben hätte, daß die Verwaltung automatisch das Recht oder gar die Pflicht zum Einschreiten gegen den Verwirkenden habe, hätte das BVerfGG keinen Spielraum gehabt. Da die Grundrechtsverwirkung aber nur zur Rechtslosigkeit führt, hatte es die Wahl, ob es ein generelles Verbotsrecht statuierte oder nicht. Es ist indes den Weg der Einzelanordnung durch das BVerfG gegangen; daher muß die

---

[63] Verhandlungen des deutschen Bundestages, I. Wahlperiode 1949, Stenographische Berichte, 112. Sitzung, S. 4229 B.

[64] Kessler, S. 100 ff.; Klemmer, S. 57; von Mangoldt-Klein, Art. 18 Erl. III 2 c; Reisnecker, S. 213 f., 215; Füchtenbusch, S. 101; Hönsch, S. 95 f., 98; Friesenhahn, Verfassungsgerichtsbarkeit S. 96; a. A. Adolf Arndt, DVBl 1952, 3, nach dem auch eine reine Feststellungsentscheidung nach § 39 I 4 BVerfGG von Verwaltungsbehörden vollstreckt werden kann.

[65] Vgl. oben § 5 II 2.

[66] Herbert Krüger, DVBl 1953, 100 f.; ähnlich auch Füchtenbusch, S. 101.

[67] Geiger, BVerfGG § 39 Erl. 3.

[68] Friesenhahn, Verfassungsgerichtsbarkeit S. 95; ähnlich Echterhölter, JZ 1953, 658.

[69] Kessler, S. 101.

Unergiebigkeit des bloßen Verwirkungsausspruchs als recht- und verfassungsmäßig hingenommen werden[70].

B. Der Rechtszuwachs der Judikative

Ebensowenig wie die Exekutive wird auch die rechtsprechende Gewalt beim Wegfall des grundrechtlichen Duldungsrechts durch die Verwirkung von ihrer Gesetzesbindung befreit. Mangels gesetzlicher Grundlage ist es ihr gleichfalls verwehrt, gegen den Verfassungsfeind einzuschreiten. Sie bleibt weiterhin an alle Gesetze gebunden, und diese gewähren ihr kein Zugriffs- oder Verteidigungsrecht[71].

Die einzige Verbesserung ihrer Rechtsstellung gegenüber dem Verwirkenden besteht in folgendem: Verletzt die Verwaltung den Grundsatz der Gesetzmäßigkeit im Kampf gegen den Verfassungsfeind, sind die von diesem gerichtlich vorgebrachten Rügen zurückzuweisen, insoweit es sich um Beeinträchtigungen verwirkter Grundrechte handelt. Zwar darf die Exekutive auch nach dem Eintritt der Verwirkung nicht rechtswidrig handeln. Wenn sie es dennoch unzulässigerweise tut, fehlt es an einem Eingriff in ein Recht, an einer Rechtsverletzung. Ihr Handeln ist dann objektiv rechtswidrig, aber nicht subjektiv, d. h. in der Person des Betroffenen[71a]. Mit einer Klage oder Beschwerde, die die Verletzung (lediglich) objektiven Rechts rügt, müßte der Kläger oder Beschwerdeführer a limine abgewiesen werden. Er scheitert an einer durch das Institut der Verwirkung geschaffenen neuartigen „negativen Verfahrensvoraussetzung"[71b].

Die eine derartige Prozeßvoraussetzung ablehnende Ansicht Herbert Krügers[71c] ist insofern zutreffend, als mit der Verwerfung der Rechtsbehelfe des Verwirkenden die Gefahr verbunden ist, daß praktisch der Grundsatz der Gesetzmäßigkeit der Verwaltung aufgehoben wird. Denn, wo es an Sanktionen fehlt, wächst die Neigung zum Rechtsbruch. Sie geht jedoch fehl, wenn das Prozeßhindernis des Grundrechtsverlusts damit abgelehnt wird, daß die Grundrechte den (nachkonstitutionellen) Gesetzen inhaerent seien, daher insoweit die Berufung auf das verwirkte Grundrecht weiterhin zulässig sei und demnach die Verwirkung des Rechtsschutzes wie die Verwirkung der Gesetzmäßigkeit nicht eintrete.

Der Fehler dieser Argumentation liegt darin, daß der Verlust des Grundrechts infolge der Verwirkung und die Weitergeltung des Grund-

---

[70] Vgl. auch von Mangoldt-Klein, Art. 18 Erl. III 2 c.
[71] Über eine Ausnahme, die auch der Verwaltung zugute kommt, vgl. unten § 5 III 2.
[71a] Vgl. z. B. § 113 I 1 VwGO: „Soweit der Verwaltungsakt rechtswidrig u n d der Kläger d a d u r c h in seinen Rechten verletzt ist" ...
[71b] Vgl. Dürig, JZ 1952, 518; Maunz-Dürig, Art. 18 Rdnr. 82 ff.
[71c] DVBl 1953, 101.

satzes der Gesetzmäßigkeit nicht auseinandergehalten werden. Die den Gesetzen eigentümliche Inhaerenz der Grundrechte verhindert die Grundrechts- und Rechtsschutzeinbuße des Verwirkenden nicht. Sie läßt lediglich die Bindung der Verwaltung an Gesetz und Recht bestehen, deren Verletzung zwar zur objektiven Rechtwidrigkeit führt, die aber nicht rügefähig ist, weil es an der subjektiven Rechtsverletzung in der Person des Verwirkenden fehlt.

Auch Art. 19 IV GG steht dem nicht entgegen. Allerdings ist das in ihm gewährte Recht auf Rechtsschutz nicht verwirkbar, jedoch gewährt diese Vorschrift den Rechtsweg nur dann, wenn ein subjektives Recht verletzt ist. Ob aber ein solches Recht vorhanden ist, ergibt sich nicht aus Art. 19 IV GG, sondern bemißt sich nach anderen Bestimmungen — z. B. nach Art. 18 GG.

C. Der Rechtszuwachs der Legislative

Die einzige Staatsgewalt, die unmittelbar auf Grund des bloßen Verwirkungsausspruchs Gewinn erzielt, ist die Legislative. Wenn die grundrechtlichen Schranken für den Staat fallen, sind Verwaltung und Rechtsprechung dennoch an Gesetz und Recht gebunden (Art. 20 III GG), wovon sie auch die Verwirkung nicht befreien kann. Dagegen ist der Gesetzgeber (nur) der verfassungsmäßigen Ordnung verpflichtet (Art. 20 III GG). Er kann sich demnach über die einfachen Gesetze, denen die Grundrechte „inhaerent" sind[72], hinwegsetzen und Normen schaffen, deren Tatbestände an die Verwirkung anknüpfen und deren Rechtsfolgen über den an sich wenig nachteiligen Grundrechtsverlust hinaus Verbote vorsehen oder andere ungünstige Sanktionen anordnen. Grundrechtsverwirkung bedeutet demnach praktisch den Verlust des Schutzes vor dem Gesetzgeber[73].

Von dieser Befugnis hat die Legislative allerdings bisher nur spärlich Gebrauch gemacht. Ein Beispiel ist der bereits oben erwähnte § 1 II Nr. 1 VersG[74], wenn man in ihm nicht nur die deklaratorische Wiederholung der grundgesetzlichen Verwirkung, sondern ein konstitutives Verbot weiterer Versammlungstätigkeit sieht. Häufiger als eine derartige Verbotsfolge ist die Verhängung von Rechtsnachteilen gegenüber Personen, die zum Staat in einem engen Verhältnis stehen oder besonders bedeutsame Tätigkeiten ausüben. So führt die Grundrechtsverwirkung den Verlust der Beamtenrechte (§§ 48 S. 1, 2 BBG; 24 I 1,

---

[72] Herbert Krüger, DVBl 1953, 101.
[73] Kessler, S. 98; Herbert Krüger, DVBl 1953, 100; Kind, S. 79; Klemmer, S. 60 f.; Schmitz, S. 115; Hönsch, S. 93 f.; Maunz-Dürig, Art. 18 Rdnr. 73 ff. Ähnlich auch die Begründung der Bundesregierung zu § 35 des Entwurfs eines BVerfGG (BT-DrS. Nr. 788/I S. 29).
[74] § 5 II 2.

2 BRRG), das Erlöschen von Versorgungsbezügen (§§ 162 I 1, 2; 164 I 1, 2 BBG; 86 I 1, 2; 88 I 1, 2 BRRG), die Beendigung des Richterverhältnisses (§ 24 Nr. 6 DRiG), die Versagung und die Zurücknahme der Zulassung zur Rechtsanwaltschaft (§§ 7 Nr. 1, 14 I Nr. 2 BRAO) herbei. An einem Gesetz, das spezielle Verwirkungsfolgen für den Fall vorsieht, daß ein Verfassungsgegner das Grundrecht der Pressefreiheit verwirkt hat, fehlt es jedoch bisher.

D. Ergebnis

Bei der Betrachtung des Rechtszuwachses, den der Staat durch die Verwirkung erlangt, kommt man also zu folgendem Ergebnis:

Während Verwaltung und Rechtsprechung keine zusätzlichen Befugnisse für den Kampf gegen Verfassungsfeinde erhalten, hat der Gesetzgeber das Recht, Normen zu erlassen, die an die Verwirkung anknüpfen und die Grundrechtsaberkennung zu einer schlagkräftigeren Rechtsfolge machen. Für die Verwirkung der Pressefreiheit fehlt es bislang an einer sie regelnden besonderen Vorschrift, so daß der Presseangehörige bei Fortsetzung seiner Tätigkeit zwar ohne Grundrecht, also rechtlos, aber nicht rechtswidrig handelt und auch im übrigen von keiner seiner Pressearbeit nachteiligen Sanktion bedroht wird. Demgemäß ist die Rechtsfolge des Art. 18 GG, die Verwirkung, mit dem strafrechtlichen Berufsverbot nicht vergleichbar. Die eine schmälert die Rechtstellung des Presseangehörigen kaum, die andere enthält einen Eingriff von größter Härte.

2. Bei Verhängung von Beschränkungen nach § 39 I S. 3 BVerfGG

Wegen ihrer Unergiebigkeit wird indes eine Entscheidung, die sich auf den bloßen Ausspruch der Verwirkung beschränkt, selten sein. Vielmehr wird das BVerfG in aller Regel dem Antragsgegner auch „nach Art und Dauer genau bezeichnete Beschränkungen auferlegen, soweit sie nicht andere als die verwirkten Grundrechte beeinträchtigen" (§ 39 I 3 BVerfGG). In bezug auf die Pressefreiheit hat das BVerfG ausdrücklich erklärt, es sei zur Verhängung eines zeitweiligen Berufsverbots gegen einen Redakteur befugt[75]. Allerdings sind seine Ausführungen über die Rechtsgrundlage dieses Verbotsrechts recht unklar. Es gibt zunächst den Inhalt des Art. 18 GG wieder und führt dann aus[76]:

---

[75] BVerfGE 10, 118 (122); früher schon Geiger, BVerfGG § 39 Erl. 3.
[76] BVerfGE 10, 118 (122).

§ 39 Abs. 1 BVerGG p r ä z i s i e r t[77] diese grundgesetzliche Norm dahin, daß das Bundesverfassungsgericht die Verwirkung auf einen bestimmten Zeitraum befristen und dem Betroffenen auch nach Art und Dauer genau bezeichnete Beschränkungen auferlegen kann, soweit sie nicht andere als die verwirkten Grundrechte beeinträchtigen. Auf Grund des Art. 18 GG könnte das Bundesverfassungsgericht somit, wenn ein verantwortlicher Redakteur die Pressefreiheit zum Kampfe gegen die freiheitliche demokratische Grundordnung mißbraucht, aussprechen, daß diesem Redakteur für eine bestimmte Zeit die Ausübung seines Berufes untersagt wird.

Unrichtig ist zunächst, daß § 39 I BVerfGG Art. 18 GG „präzisiert", jedenfalls soweit es sich um dessen Sätze 3 und 4 handelt. Dies wäre nur dann zutreffend, wenn die in § 39 I 3 BVerfGG vorgesehene Rechtsfolge im Keim schon in der Verwirkung des Art. 18 GG enthalten wäre. Das aber ist gerade nicht der Fall. Das BVerfGG zieht vielmehr die Konsequenz aus der praktischen Wertlosigkeit des Grundrechtsverlusts[78]. Es knüpft an ihn an und ergänzt ihn, indem es (konstitutiv) eine nicht in Art. 18 GG verborgene Rechtsfolge verhängt[79], die die Verwirkung erst zu einer wirklichen Waffe gegen den Verfassungsfeind macht.

Gegen eine solche Verstärkung der Verwirkung durch ein einfaches Gesetz bestehen keine verfassungsrechtlichen Bedenken, wenn sie auch nicht auf Art. 18 S. 2 GG gestützt werden kann[80], wonach das „Ausmaß" der Verwirkung durch das BVerfG bestimmt wird. Denn die Einzelbeschränkungen, die vom BVerfG verhängt werden, stellen keine inhaltliche Begrenzung der Verwirkung dar, sondern sind eigenständige Rechtsfolgen, die im Anschluß an die Verwirkung ergehen und sie zur Voraussetzung haben.

Da § 39 I 3 BVerfGG die Eingriffsbefugnis des BVerfG ausdrücklich auf die verwirkten Grundrechte beschränkt, kann insoweit der Betroffene dem Staat kein Abwehrrecht entgegenhalten. Auch hatte der Bund die Gesetzgebungskompetenz zur Erweiterung der Verwirkungsfolgen. Allerdings konnte er sich dabei nicht auf Art. 94 II GG berufen, der einem Bundesgesetz die Aufgabe zuweist, Verfassung und Verfahren des BVerfG zu regeln. § 39 I 3, 4 BVerfGG geht nämlich über eine bloße Verfahrensregelung hinaus, da er eine Rechtsfolge statuiert, die nicht mehr von Art. 18 GG gedeckt ist. Insbesondere sind die Einzelbeschränkungen des BVerfG keine Vollstreckungsmaßnahmen, als welche sie dem Verfahrensrecht zuzurechnen wären. Denn das Urteil des § 39 I 1 BVerfGG, durch das festgestellt wird, welche Grundrechte der Antraggegner verwirkt hat, ist der Vollstreckung weder fähig noch bedürftig.

---

[77] Sperrung vom Verfasser.
[78] Ähnlich auch Füchtenbusch, S. 101.
[79] Ähnlich Gallwas, S. 177 f.
[80] So aber Neumayer, Verhandlungen des deutschen Bundestages, I. Wahlperiode 1949, Stenographische Berichte, 112. Sitzung, S. 4229 (A); Maunz-Dürig, Art. 18 Rdnr. 81.

§ 5: Die Verwirkung von Grundrechten

Wohl aber findet § 39 I 3, 4 BVerfGG seine Grundlage in Art. 93 II GG, nach dem das BVerfG „ferner in den ihm sonst durch Bundesgesetz zugewiesenen Fällen tätig" wird[81]. Diese Bestimmung meint vor allem die Zuweisung einer neuen Verfahrensart an das BVerfG. Sie muß aber auch dann gelten, wenn im Rahmen eines schon bestehenden Verfahrens die Befugnisse des BVerfG um Kompetenzen erweitert werden, die zwar an die eigentliche Sachentscheidung anknüpfen, aber über sie hinausgreifen und zu selbständigen Eingriffen ermächtigen. Aus Gründen der Rechtsstaatlichkeit und der Prozeßökonomie hat der Gesetzgeber die Zuständigkeit des BVerfG für die Verwirkung benutzt, die Verhängung der darauf aufbauenden wirklichen Rechtsnachteile in die Hand des BVerfG und nicht einer Verwaltungsbehörde zu legen.

Auch Art. 18 GG selbst ist kein Hindernis für die Beschränkungen des § 39 I 3, 4 BVerfGG. Zwar erscheint eine Sperrwirkung dieser Vorschrift zunächst nicht ausgeschlossen, weil ihre Verwirkungsregelung abschließend und eine Verstärkung ihrer Rechtsfolgen unzulässig sein könnte. Dem steht jedoch entgegen, daß ohne § 39 I 3, 4 BVerfGG das Institut der Verwirkung ein völlig untaugliches Mittel zur Bekämpfung von Staatsfeinden wäre. Den Vätern des Grundgesetzes kam es aber entscheidend darauf an, dem Staat mit der Verwirkung eine Waffe in die Hand zu geben, die den Selbstmord der Demokratie verhindern sollte[82]. Da die bloße Verwirkung dem Betroffenen nur geringfügige Nachteile bringt, kann nicht angenommen werden, daß die Verfassung dem einfachen Gesetzgeber verbieten will, mit § 39 I 3, 4 BVerfGG — wie mit ähnlichen bereits genannten Bestimmungen[83] — der schwachen Verwirkungsfolge zu größerer Effektivität zu verhelfen.

Weiterhin ist es zumindest ungenau, wenn das BVerfG meint[84], ein von ihm ausgesprochenes Berufsverbot ergehe „auf Grund des Art. 18 GG". Allenfalls ließe sich sagen, daß die Rechtsgrundlage für die Untersagung der Berufsausübung in Art. 18 GG in Verbindung mit § 39 I BVerfGG zu suchen sei. Das Grundgesetz allein ist untauglich, eine derartige Rechtsfolge zu rechtfertigen.

Der schwerste Einwand richtet sich aber nicht gegen die ungenaue Formulierung der Entscheidung, sondern gegen eine Unterlassung. Da die Einzelbeschränkungen nach § 39 I 3 BVerfGG keine anderen als die verwirkten Grundrechte beeinträchtigen dürfen, hätte eine Prüfung der Frage nahegelegen, ob ein Berufsverbot gegen einen Redakteur

---

[81] Ebenso Kind, S. 111 ff.; Hönsch, S. 96 f.
[82] Vgl. den Herrenchiemsee-Bericht S. 22, 90 sowie von Doemming-Füßlein-Matz, JöR NF 1 (1951), 173.
[83] Vgl. oben § 5 III 1 c.
[84] BVerfGE 10, 118 (122).

nicht Art. 12 I GG berührt[85]. Dieses nach Art. 18 GG nicht verwirkbare Grundrecht[86] ist, wenn auch in unterschiedlichem Maße, sowohl in Form der Berufswahl- als auch der Berufsausübungsfreiheit durch Gesetz einschränkbar[87]. Jedoch geht § 39 I 3 BVerfGG nicht darauf aus, es zu beeinträchtigen; er will vielmehr nur den rechtlichen Raum einer Regelung unterwerfen, der durch die Verwirkung eines Grundrechts frei geworden ist. Ausdrücklich sagt er, daß nicht verwirkte Grundrechte nicht von ihm betroffen sein dürfen. Daher ist im Falle der Verwirkung der Pressefreiheit ein gegen Presseangehörige gerichtetes Berufsverbot nur dann zulässig, wenn dadurch allein eine Einschränkung der — allerdings verwirkten — Pressefreiheit stattfindet. Sicher ist, daß ein in der Presse Tätiger durch eine Berufsuntersagung in seinem Grundrecht der Pressefreiheit betroffen wird. Da aber das Verbot der Presse(berufs)tätigkeit notwendig zugleich auch die weitere Berufsausübung unmöglich macht, scheint das Grundrecht der Berufs-(wahl)freiheit ebenfalls beeinträchtigt zu sein, obwohl § 39 I 3 BVerfGG einen solchen Übergriff nicht zuläßt.

Damit stellt sich die Frage des Verhältnisses der beiden Grundrechtsnormen, also das Problem der Grundrechtskonkurrenz zwischen Art. 5 I und 12 I GG[88]. Die Zulässigkeit eines auf das BVerfGG gestützten Berufsverbots hängt allein davon ab, ob Art. 18 GG, indem er die Pressefreiheit für verwirkbar erklärt, auch die Berufsfreiheit von der Verwirkung erfaßt sein läßt, insoweit sie Presseberufsfreiheit ist. Nur wenn das der Fall ist, kann eine Untersagung der Berufsausübung nach § 39 I 3 BVerfGG erfolgen.

Wäre nur die Pressefreiheit verwirkbar, nicht aber die Presseberufsfreiheit, so wäre zwar eine theoretische Trennung dergestalt möglich, daß bei der ersten die Rechtsfolge der Verwirkung eintritt, nicht aber bei der zweiten. Praktisch würde jedoch der den Tatbestand des Art. 18

---

[85] Auch Reissmüller, JZ 1960, 533 Anm. 34 a, und Schwenk, NJW 1962, 1323, weisen auf die sich aus Art. 12 GG ergebenden Bedenken hin. Vgl. noch Hamann, Grundgesetz und Strafgesetzgebung S. 38.

[86] Nur der Referenten-Entwurf des Gesetzes über das Pressewesen (Bundespressegesetz) ging in § 20 I lit. e davon aus, daß auch das Grundrecht der freien Berufsausübung verwirkt werden könnte (abgedruckt bei Lüders, Presse- und Rundfunkrecht, 1952, S. 271).

[87] Vgl. BVerfGE 7, 377 (Apothekenurteil); 9, 39, 63, 73, 338; 10, 185; 11, 30, 168; 12, 281; 13, 181.

[88] Die Fragen der Grundrechtskonkurrenz sind bisher für das Verhältnis der allgemeinen Handlungsfreiheit des Art. 2 I GG zu den übrigen Freiheitsrechten durch das Elfes-Urteil des BVerfG (E 6, 32) halbwegs geklärt (vgl. auch BVerfGE 1, 264 (273 f.); 7, 377 (386); 9, 3 (11); 9, 63 (73); 9, 73 (77); 9, 338 (343); 10, 55 (58); 10, 185 (199); 11, 234 (238), im übrigen aber noch weitgehend ungelöst. Vgl. immerhin von Mangoldt-Klein, Vorb. XV 2 b (S. 125 ff.), Art. 2 Erl. IV 1 d, Art. 4 Erl. III 3, Art. 5 Erl. IX 1 b, X 6 b, Art. 6 Erl. III 8 b, IV 5 a, Art. 8 Erl. II 2 a, IV 2 b, Art. 12 Erl. V 2 b; Bachof, Grundrechte III 1 S 169 ff.; Reisnecker, S. 91 ff.; Füchtenbusch, S. 40 ff.; Lerche, Übermaß S. 125 ff. u. ö.

GG Verwirklichende keine Grundrechtsminderung erleiden, denn von zwei denselben Lebensbereich regelnden und sich daher überlagernden und überdeckenden Grundrechten wäre nur eines weggefallen, während das andere seine Schutzfunktion weiterhin erfüllen würde. Der Verwirkende könnte sich also nicht mehr auf die Pressefreiheit berufen, wohl aber auf die Berufsfreiheit. Der einzige Nachteil könnte allenfalls sein, daß Art. 12 I GG dem Gesetzgeber vielleicht einen bequemeren Gesetzesvorbehalt gewährte als der ihn nicht mehr bindende Art. 5 II GG.

Wenn auch Art. 18 GG — gegen den Willen seiner Väter — eine stumpfe Waffe gegen Verfassungsfeinde darstellt, so kann doch nicht angenommen werden, daß er ein Verfahren vor dem BVerfG nur deshalb anordnet, um von zwei konkurrierenden Grundrechten das eine auszuschalten und den Schutz des anderen bestehen zu lassen. Sein Zweck ist vielmehr, dem Täter für einen bestimmten Lebensbereich Grundrechte zu entziehen, ihn in einen grundrechtlich nicht gesicherten Raum zu stellen[89].

Außerdem können nur bei dieser Auslegung die gefährlichsten Gegner der freiheitlichen demokratischen Grundordnung unschädlich gemacht werden. Es sind diejenigen, deren Beruf es ist, die öffentliche Meinung zu beeinflussen, und die in Ausübung ihrer Tätigkeit das Rechtsgut des Art. 18 GG mittels der Pressefreiheit bekämpfen[90]. Andernfalls würde die Verwirkung nur die treffen, die sich nicht berufsmäßig des Werkzeugs der Presse bedienen und wegen mangelnder publizistischer Gewandtheit oder nur sporadischen Einwirkens auf das lesende Publikum für den Staat im allgemeinen keine übermäßige Gefahr darstellen würden.

Dogmatisch kann dieses Ergebnis auf zwei — sich allerdings logisch ausschließenden — Wegen begründet werden. Es ist jedoch für die Zwecke der vorliegenden Arbeit unerheblich, welcher der richtige ist, da beide zum selben Ziel führen.

Die eine Lösung hat zur Voraussetzung, daß Pressefreiheit und (Presse-)Berufsfreiheit einander insoweit überlagern, als jemand beruflich in der Presse berichtet oder Meinungen äußert. Ein Journalist könnte sich dann bei seiner Tätigkeit auf zwei Grundrechte (Art. 5 I und Art. 12 I GG) berufen. Verwirkt er aber seine Pressefreiheit nach Art. 18 GG, so umfaßt der dadurch eintretende Grundrechtsverlust auch denjenigen Teil der Berufsfreiheit, der sachlich den gleichen Lebens-

---

[89] Reissmüller, JZ 1960, 532.
[90] Ähnliche Erwägungen auch bei Rehbinder, NJW 1962, 2141, der treffend darauf hinweist, daß gerade die Journalisten die Mittel der geistigen Verführung, die „suppressio veri et suggestio falsi", perfekt beherrschen, wobei er sich einer Wendung bedient, die Ernst E. Hirsch, Maulkorb für die Presse?, 1959, S. 18, in das Presserecht eingeführt hat.

bereich schützt wie die Pressefreiheit[91]. Ein auf § 39 I 3 BVerfGG in Verbindung mit Art. 18 GG gestütztes Berufsverbot wäre in diesem Fall zulässig. Es würde sich um eine Beschränkung handeln, die keine anderen als die verwirkten Grundrechte beeinträchtigt, denn insoweit die bundesverfassungsgerichtliche Entscheidung einen Eingriff in den Presseberuf des Täters anordnet, ist das Grundrecht der Berufsfreiheit verwirkt[92]. Im übrigen bleibt dem Betroffenen das Grundrecht des Art. 12 I GG völlig erhalten, so daß er sich in allen anderen Berufen außerhalb der Presse weiter betätigen kann.

Die zweite Lösung beruht auf der Annahme, daß die Pressefreiheit nicht nur die Meinungs- und Tatsachenäußerungs- und -verbreitungsfreiheit, sondern zugleich die Presseberufsfreiheit umfaßt[93]. Übt jemand einen Presseberuf aus, so schützt ihn nur das Grundrecht des Art. 5 I 2 GG und nicht auch das des Art. 12 I GG. Verwirkt er es, hat er damit zugleich das Recht, einen Presseberuf auszuüben, eingebüßt[94]. Da das

---

[91] Ähnlich Maunz-Dürig, Art. 18 Rdnr. 24 und wohl auch Copić, JZ 1963, 500, nach dem die Berufsfreiheit „im Umfang des verwirkten Grundrechts zurücktreten" muß.

[92] Auch Rehbinder, NJW 1962, 2142 sieht in der Berufsuntersagung durch das BVerfG keinen Verstoß gegen Art. 12 I GG. Allerdings ist seine Begründung widersprüchlich und auch sachlich unzutreffend. Zunächst führt er aus, daß „das Grundrecht der freien Berufswahl beim Berufsverbot gegen Journalisten gar nicht als verwirkt zu betrachten ist. Verwirkt wird vielmehr nur das Grundrecht auf freie Meinungsäußerung". Unmittelbar danach sagt er jedoch, daß das Berufsverbot das Recht der freien Berufswahl zwar beeinträchtige und fährt fort: „Damit ist dieses Grundrecht aber noch nicht völlig verwirkt." Offensichtlich geht er hier von der Ansicht aus, daß die Verwirkung der Pressefreiheit zugleich eine Teilverwirkung der Berufsfreiheit mit sich bringe.
Erst auf dieser Grundlage ist es möglich, das Berufsverbot zu rechtfertigen, denn der — von Rehbinder nicht herangezogene — § 39 I 3 BVerfGG verbietet, daß die vom BVerfG erlassenen Einzelbeschränkungen andere als die verwirkten Grundrechte beeinträchtigen. Ein Hinweis auf diese Vorschrift wäre **daher als Begründung erforderlich, aber auch** ausreichend gewesen. Die Ausführungen darüber, daß das auf Art. 18 GG gestützte Berufsverbot nicht den Wesensgehalt der Berufsfreiheit verletze und die Verwirkung der Pressefreiheit als subjektive Zulassungsvoraussetzung für den Presseberuf mit Art. 12 GG vereinbar sei, sind unerheblich und unrichtig: unerheblich, weil sich die Zulässigkeit des Berufsverbots nach § 39 I 3 BVerfGG bemißt, unrichtig, weil Grundrechtsvorschriften wie Art. 18 GG weder an Art. 19 II GG noch an die vom BVerfG für einfache Berufsgesetze entwickelten Maßstäbe gebunden sind.

[93] So Füchtenbusch, S. 43 f. Dieselbe Ansicht liegt — wenn sie auch nicht ausgesprochen wird — den Ausführungen Franz Schneiders, Presse- und Meinungsfreiheit nach dem Grundgesetz (1962) S. 97 f., zugrunde, der die Pressefreiheit als „Recht der Pressetätigen" bezeichnet, das „gewissermaßen an einen bestimmten Beruf gebunden" sei. Ähnlich Löffler, Presserecht § 4 RPG Rdnr. 1, der die Gewerbefreiheit der Presse dem Verfassungsschutz des Art. 5 GG unterstellt.

[94] Unklar Dagtoglou, Pressefreiheit S. 14 ff., der die Presseberufsfreiheit ebenfalls Art. 5 I GG zuordnet, aber für den Fall der Verwirkung der Pressefreiheit nur eine „reflexweise" Beeinträchtigung der Berufsfreiheit annimmt.

vom BVerfG verhängte Berufsverbot somit nur den Lebensbereich betrifft, der vor dem Eintritt der Verwirkung vom Grundrecht der Pressefreiheit abgeschirmt war, hält es sich an die von § 39 I 3 BVerfGG gesetzten Schranken. Dem BVerfG ist also im Ergebnis — wenn auch nicht in der Begründung — darin zuzustimmen, daß es befugt ist, gegen Presseangehörige ein Berufsverbot zu verhängen[95].

---

[95] A. A. Gallwas, S. 184, und Löffler, Presserecht S. 439 Rdnr. 22, nach dem die Verwirkung zwar praktisch einem Berufsverbot gleichkommt, das BVerfG aber nicht berechtigt ist, ein förmliches Berufsverbot zu verhängen; diese Meinung hat er jedoch in ZVZV 1959, 147, aufgegeben.

Zweites Kapitel

Das strafrechtliche Berufsverbot des § 42 l StGB

Erster Abschnitt

Die Geltung des strafrechtlichen Berufsverbots für Presseangehörige nach einfachem Gesetzesrecht

Bevor untersucht werden kann, welchen Tatbestand und welche Rechtsfolge § 42 l StGB im einzelnen enthält und inwieweit diese Vorschrift mit Art. 18 GG und § 39 I 3 BVerfGG vereinbar ist, muß geklärt werden, ob das strafrechtliche Berufsverbot „an sich", d. h. nach einfachem Gesetzesrecht unter Zurückstellung verfassungsrechtlicher Bedenken, gegen Presseangehörige verhängt werden darf. Dafür müssen drei Voraussetzungen erfüllt sein:

I. § 42 l StGB muß zur Zeit seines Erlasses auch als Vorschrift gegen Presseangehörige gedacht gewesen sein;

II. andere Normen, insbesondere des Reichspressegesetzes — RPG —, durften dem nicht entgegenstehen;

III. sollte damals ein strafrechtliches Presseberufsverbot zulässig gewesen sein, so darf sich an dieser Rechtslage in der Zwischenzeit nichts geändert haben.

§ 6: § 42 l StGB als Norm des Presserechts

§ 42 l StGB fand als Teil des Gesetzes gegen gefährliche Gewohnheitsverbrecher und über Maßregeln der Sicherung und Besserung vom 24. November 1933 (RGBl. I S. 995), des sog. Gewohnheitsverbrechergesetzes, Aufnahme in das StGB. Seinem Wortlaut nach, der bis auf die hier nicht interessierende Einfügung des Abs. IV durch Gesetz vom 28. Juni 1935 (RGBl. I S. 839) unverändert geblieben ist, war eine Anwendung auf Presseangehörige durchaus möglich, denn ein Redakteur oder Journalist kann z. B. seinen Beruf dadurch zur Begehung von Vergehen oder Verbrechen mißbrauchen, daß er Landesverrat begeht, Beleidigungen äußert, zum Ungehorsam gegen die Staatsgewalt auffordert oder unzüchtige Vorgänge schildert. Auch die andere Alternative des § 42 l StGB, die in der groben Verletzung von Berufspflichten durch Begehung von Verbrechen oder Vergehen besteht, kann durch einen Presseangehörigen verwirklicht werden, so wenn dieser z. B. unter Bruch einer ihm obliegenden Wahrheitspflicht einen anderen verleumdet.

Die vom Reichsjustizministerium veröffentlichte Begründung zum Gewohnheitsverbrechergesetz[1] nimmt nicht ausdrücklich zu der Frage Stellung, ob § 42 l StGB auf Presseangehörige Anwendung finden sollte. Sie gibt lediglich nach Aufzählung einiger Berufsverbote enthaltender Vorschriften, unter denen allerdings die Verbotsmöglichkeiten der §§ 31, 35, 36, 43 des Schriftleitergesetzes vom 4. Oktober 1933 (RGBl. I S. 713) nicht erwähnt werden, den knappen Hinweis, daß „unabhängig von diesen und ähnlichen Bestimmungen, die auch weiterhin in Geltung bleiben, ... der Entwurf die Möglichkeit (schafft), Schädlingen, die durch die Art und Weise der Ausübung ihres Berufs oder Gewerbes die Allgemeinheit gefährden, die Ausübung ihres Berufs oder Gewerbes zu untersagen". Auch soll das Verbot in jedem Fall ausgesprochen werden können, „gleichviel ob der Beruf oder das Gewerbe nach Maßgabe des Gewerberechts jedem freisteht oder nur mit besonderer Erlaubnis oder Zulassung[2] ausgeübt werden kann".

Dagegen vertrat die Literatur ausdrücklich den Standpunkt, daß trotz der im Schriftleitergesetz vorgesehenen standesrechtlichen Berufsverbotsmöglichkeiten § 42 l StGB auf Presseangehörige, deren größter Teil damals unter Verwendung der Terminologie dieses Gesetzes „Schriftleiter" genannt wurden[3], Anwendung finde[4]. Nur bei der Frage der Erforderlichkeit der Untersagung wurde gelegentlich darauf hingewiesen, daß standesrechtliche Maßnahmen ausreichen und das strafrechtliche Berufsverbot überflüssig machen könnten[5].

---

[1] Deutscher Reichsanzeiger und Preußischer Staatsanzeiger Nr. 277 vom 27. November 1933 S. 2 (4).
[2] Eine solche Zulassung für — die meisten — Presseberufe hatte das Schriftleitergesetz eingeführt.
[3] Jagusch, LK § 42 l Erl. II 3, und Maurach, Allgemeiner Teil S. 698, bedienen sich noch heute dieser Bezeichnung. Vgl. auch Art. 95 IV bremVerf, 96 IV hessVerf.
[4] Schäfer-Schafheutle-Grau, in: Pfundtner-Neubert, Das neue deutsche Reichsrecht II c 10 § 42 l StGB Erl. 1, 8, 11; Schäfer-Wagner-Schafheutle, S. 153 f., insbes. sub i, 156 sub 6, 158 sub 10; Spohr, GS 105 (1935), 79; Nagler, LK § 42 l Erl. II 4, VII; Kohlrausch-Lange, (38. A. 1944) § 42 l Erl. 1.
[5] Schäfer-Schafheutle-Grau, in: Pfundtner-Neubert, Das neue deutsche Reichsrecht II c 10 § 42 l StGB Erl. 8; Schäfer-Wagner-Schafheutle, S. 153, 157 sub 6; Nagler, LK § 42 l Erl. II 4.

§ 7: Die Zulässigkeit des presserechtlichen Berufsverbots bei Erlaß des Gewohnheitsverbrechergesetzes

Obwohl die Anwendung des § 42 l StGB auf Presseangehörige allgemein bejaht wurde und die Literatur im übrigen — soweit sie sich nicht ausdrücklich zu diesem Problem äußerte — ein derartiges Berufsverbot jedenfalls nicht ausschloß[1], wurde damals nie die Frage aufgeworfen, ob dem strafrechtlichen Berufsverbot nicht andere Normen entgegenstünden. Angesichts der wenig pressefreundlichen Zeitströmungen[2] mag dies verständlich sein; immerhin hätten sich bei Betrachtung der Vorschriften des RPG Zweifel an der Zulässigkeit des strafrichterlichen Untersagungsrechts ergeben können. Während § 1 RPG nur diejenigen Beschränkungen der Pressefreiheit anerkennt, die durch das RPG vorgeschrieben oder zugelassen sind, verbietet § 4 RPG darüber hinaus jede richterliche und administrative „Entziehung der Befugnis zum selbständigen Betrieb irgendeines Preßgewerbes oder sonst zur Herausgabe und zum Vertriebe von Druckschriften".

I. Die Geltung des Reichspressegesetzes im Jahre 1933

Voraussetzung für die Beachtlichkeit des RPG war indes, daß es bis zum Zeitpunkt der Einfügung des § 42 l StGB in das StGB durch das Gewohnheitsverbrechergesetz vom 24. November 1933 in Geltung stand. Das RPG ist zwar mehrfach geändert[3], jedoch nie aufgehoben worden. Wenn auch zahlreiche Vorschriften der Weimarer Zeit erhebliche Beschränkungen der Pressefreiheit brachten[4], so blieb doch das

---

[1] Vgl. Finger, GS 104 (1934), 216 ff.; Schäfer-Dohnanyi, Die Strafgesetzgebung der Jahre 1931 bis 1935 (1936) S. 103 ff.; Kluge, Die Rechtsprechung des Reichsgerichts zu den Maßnahmen der Sicherung und Besserung (§§ 20 a, 42 a ff. StGB) (1937) S. 80 ff.; Mezger, Deutsches Strafrecht, 2. A. (1941) S. 174 sub 6; Olshausen-Niethammer, Kommentar zum Strafgesetzbuch für das deutsche Reich, 12. A. (1942) § 42 l Erl.; Schönke, Strafgesetzbuch für das deutsche Reich (1942) § 42 l Erl. I; Schwarz, Strafgesetzbuch, 11. A. (1942) § 42 l Erl. 2.

[2] Vgl. unten § 7 I, II 2.

[3] Durch die Gesetze vom 1. Juli 1883 (RGBl. S. 159), 3. Juni 1914 (RGBl. S. 195), 6. Februar 1924 (RGBl. I S. 44), 4. März 1931 (RGBl. I S. 29). Später wurde es noch geändert durch die Gesetze vom 28. Juni 1935 (RGBl. I S. 839) und 4. August 1953 (BGBl. I S. 749).

[4] Vgl. z. B. die Gesetze zum Schutze der Republik vom 21. Juli 1922 (RGBl. I S. 585) und 25. März 1930 (RGBl. I S. 91); VO zur Bekämpfung politischer Ausschreitungen vom 28. März 1931 (RGBl. I S. 79); 2. VO zur Bekämpfung... vom 17. Juli 1931 (RGBl. I S. 371) — sog. Presse-NotVO; vom 18. Juli 1931 (RGBl. I S. 373); VO zur Änderung der 2. VO zur Bekämpfung . . . vom 10. August 1931 (RGBl. I S. 435) nebst Bekanntmachung der neuen Fassung der 2. VO zur Bekämpfung . . . (RGBl. I S. 435); Ausführungsbestimmungen und Richtlinien für die Handhabung der Verordnungen des Reichspräsiden-

RPG grundsätzlich erhalten[5], obwohl es praktisch weitgehend verdrängt wurde. Auch der nationalsozialistische Gesetzgeber ging von seiner Weitergeltung aus[6], indem er in § 45 des Schriftleitergesetzes vom 4. Oktober 1935 (RGBl. I S. 713) den Anwendungsbereich der §§ 7 und 8 RPG einengte und den Begriff des verantwortlichen Redakteurs nach dem RPG ausdehnte. Bestätigt hat er diese Ansicht, als er mit dem Gesetz vom 28. Juni 1935 (RGBl. I S. 839) die Verjährungsfrist des § 22 RPG auf ein Jahr verlängerte. Die Weitergeltung des die Pressefreiheit garantierenden RPG war allerdings deshalb ohne Bedeutung, weil die VO des Reichspräsidenten zum Schutze des deutschen Volkes vom 4. Februar 1933 (RGBl. I S. 35) und insbesondere die das Grundrecht der Meinungs- und Pressefreiheit suspendierende VO des Reichspräsidenten zum Schutz von Volk und Staat vom 28. Februar 1933 (RGBl. I S. 83), die nie aufgehoben worden ist[7], die Freiheit der Presse beseitigten.

II. Die Schutzvorschriften des Reichspressegesetzes

Es konnten daher im Hinblick auf die §§ 1 und 4 RPG durchaus Zweifel an der Geltung des § 42 l StGB für Presseangehörige bestehen.

---

ten vom 28. März 1931, 17. Juli 1931 und 10. August 1931 vom 10. August 1931 (RGBl. I S. 436); 3. VO zur Sicherung von Wirtschaft und Finanzen und zur Bekämpfung ... vom 6. Oktober 1931 (RGBl. I S. 537); VO zur Durchführung der 3. VO des Reichspräsidenten zur Bekämpfung ... vom 19. Oktober 1931 (RGBl. I S. 584); 4. VO zur Sicherung von Wirtschaft und Finanzen und zum Schutze des inneren Friedens vom 8. Dezember 1931 (RGBl. I S. 699); VO zum Schutze des inneren Friedens vom 17. März 1932 (RGBl. I S. 133); VO über die Auflösung der kommunistischen Gottlosenorganisationen vom 3. Mai 1932 (RGBl. I S. 185); VO gegen politische Ausschreitungen vom 14. Juni 1932 (RGBl. I S. 297); 1. VO zur Durchführung der VO gegen politische Ausschreitungen vom 17. Juni 1932 (RGBl. I S. 302); 2. VO gegen politische Ausschreitungen vom 28. Juni 1932 (RGBl. I S. 339); VO, betr. die Wiederherstellung der öffentlichen Sicherheit und Ordnung in Groß-Berlin und der Provinz Brandenburg vom 20. Juli 1932 (RGBl. I S. 377); VO, betr. die Aufhebung der VO über die Wiederherstellung ... vom 26. Juli 1932 (RGBl. I S. 387); VO zur Erhaltung des inneren Friedens vom 19. Dezember 1932 (RGBl. I S. 548).

[5] Ausdrücklich erwähnte der Gesetzgeber das RPG z. B. in § 12 des (2.) Republikschutzgesetzes vom 25. März 1930 (RGBl. I S. 91, 93) und in § 2 I des 7. Teils der 3. VO zur Sicherung von Wirtschaft und Finanzen und zur Bekämpfung politischer Ausschreitungen vom 6. Oktober 1931 (RGBl. I S. 537, 566).

[6] Hillig, JW 1933, 2363; Hoche-Hilleke, in: Pfundtner-Neubert, Das neue deutsche Reichsrecht I d 7 (Schriftleitergesetz) S. 2 f.; du Prel, Das Schriftleitergesetz, in Frank, Nationalsozialistisches Handbuch für Recht und Gesetzgebung (1935) S. 559 sub II 6; Geiger, Die Rechtsstellung des Schriftleiters nach dem Gesetz vom 4. Oktober 1933 (1940) S. 107 ff.; Schmidt-Leonhardt/ Gast, Das Schriftleitergesetz, 3. A. (1944) § 45 Erl. 1, 2, 3, 4.

[7] Vgl. Hans Schneider, Das Ermächtigungsgesetz vom 24. März 1933, 2. A. (1961) S. 35 Anm. 2.

1. § 1 Reichspressegesetz

§ 1 RPG, nach dem die Pressefreiheit „nur denjenigen Beschränkungen" unterliegt, „welche durch das gegenwärtige Gesetz vorgeschrieben oder zugelassen sind", stellte für das Berufsverbot des § 42 1 StGB indes kein Hindernis dar, denn ein einfaches Gesetz hat nicht die Kraft, einem späteren gleich- oder übergeordneten Gesetzgeber Änderungen oder Durchbrechungen seiner selbst zu untersagen. Eine Selbstbindung des einfachen Gesetzgebers gibt es nicht[1]. Vielmehr gilt für seine Normen der Satz: Lex posterior derogat legi priori[2]. Demgemäß steht auch die presserechtliche Literatur einhellig auf dem Standpunkt, daß spätere reichsrechtliche Einschränkungen der Pressefreiheit über § 1 RPG hinaus zulässig waren[3] und lediglich landesrechtlichen Eingriffen ein Riegel vorgeschoben war[4].

Bestätigt wird dieses Ergebnis durch einen Blick auf die dem RPG verwandte Kodifikation des allgemeinen Gewerberechts, der Gewerbeordnung. Ähnlich wie § 1 RPG gewährt auch § 1 GewO die Gewerbefreiheit nur insoweit, als „nicht durch dieses Gesetz Ausnahmen oder

---

[1] Quaritsch, Das parlamentslose Parlamentsgesetz (1961) S. 20 f. Ob dieses Prinzip auch auf verfassungsrechtlichem Gebiet Anwendung findet, mag angesichts der Vorschrift des Art. 79 III GG, wonach gewisse Verfassungsänderungen generell ausgeschlossen sind, zweifelhaft sein. Jedenfalls handelt es sich um eine ganz singuläre Norm, die keine Schlüsse auf das einfache Gesetzesrecht zuläßt. Vgl. dazu Ehmke, Grenzen der Verfassungsänderung (1953); Maunz-Dürig Art. 79 Rdnr. 21 ff.

[2] So schon Eisele, AcP 69 (1886), 283 ff. gegen von Martitz, ZgesStW 36 (1880), 263 ff., der ein zeitlich begrenztes Derogationsverbot für zulässig hielt. Heute h. M.: Kitzinger, Reichspressegesetz § 1 Erl. II 1 a; Häntzschel, Reichspressegesetz § 4 Erl. 3; Hensel, HdbchDStR II S. 314; Anschütz, Art. 13 Erl. 2; Baumgarten, Grundzüge der juristischen Methodenlehre (o. J.) S. 36; Burckhardt, Methode und System des Rechts (o. J.) S. 89; Nawiasky, Allgemeine Rechtslehre als System der rechtlichen Grundbegriffe (1948) S. 91; Jellinek, Verwaltungsrecht S. 141; Esser, Einführung in die Grundbegriffe des Rechtes und Staates (1949) S. 134; Peters, Lehrbuch der Verwaltung S. 94; Germann, Grundlagen der Rechtswissenschaft (1950) S. 65; Antoniolli, Allgemeines Verwaltungsrecht (1954) S. 86; Bettermann, Grundrechte III 2 S. 533 sub 4 c; Engisch, Einführung in das juristische Denken, 2. A. (1959) S. 159; Enneccerus-Nipperdey § 45 I vor 1; Giacometti, Allgemeine Lehren des rechtsstaatlichen Verwaltungsrechts I (1960) S. 183; Kelsen, Reine Rechtslehre S. 210, 275; Heinrich Lehmann, Allgemeiner Teil § 5 I; Forsthoff, Lehrbuch des Verwaltungsrechts S. 138; Lange, BGB, Allgemeiner Teil, 5. A. (1961) § 7 VI 2; Bachof, DÖV 1962, 660; Hans J. Wolff, Verwaltungsrecht I § 27 I b 3; vgl. aber auch die kritischen Ausführungen von Quaritsch, Das parlamentslose Parlamentsgesetz (1961) S. 18 ff.

[3] Kloeppel, Das Reichspreßrecht (1894) S. 143 f., 288; Ebner, Pressrecht S. 3; Kitzinger, Reichspressegesetz § 1 Erl. II 1 a; Häntzschel, Reichspreßgesetz § 1 Erl. 4 b; Preßrecht S. 11, 15; Mannheim, Pressrecht (1927) S. 4 f.; Born, Reichspreßgesetz, 4. A. (1931) S. 50, 54; Löffler, Presserecht § 1 RPG Rdnr. 45, 46; wohl auch RGZ 117, 138 (140 f.).

[4] Ebner, Pressrecht S. 3 f.; Kitzinger, Reichspressegesetz § 1 Erl. II 2 a; Häntzschel, Reichspreßgesetz § 1 Erl. 4 b; Preßrecht S. 14; Mannheim, Pressrecht (1927) S. 5.

Beschränkungen vorgeschrieben oder zugelassen sind". Hier war es ebenfalls niemals zweifelhaft, daß es dem Gesetzgeber nicht verwehrt war, neue Einschränkungen vorzunehmen[5], von welchem Recht er auch weidlich Gebrauch gemacht hat[6, 7].

2. § 4 Reichspressegesetz

Größere Schwierigkeiten bereitet die Frage, ob § 42 1 StGB mit § 4 RPG vereinbar war, wonach „eine Entziehung der Befugnis zum selbständigen Betrieb irgendeines Preßgewerbes oder sonst zur Herausgabe und zum Vertriebe von Druckschriften ... weder im administrativen noch im richterlichen Wege stattfinden" kann. Diese Vorschrift fand im Zeitpunkt ihres Erlasses folgenden Rechtszustand vor: Die Gewerbeordnung vom 21. Juni 1869[8] hatte in § 143 I grundsätzlich jede richterliche oder administrative Entziehung der Berechtigung zum Gewerbebetriebe ausgeschlossen und lediglich Konzessionsentziehungen[9] sowie die in § 15 II und § 35 GewO vorgesehenen Untersagungen von Gewerbebetrieben aufrechterhalten. Ausdrücklich hob sie in Abs. IV alle landesrechtlichen Vorschriften auf, „nach welchen die Befugniß zur Herausgabe von Druckschriften und zum Vertriebe derselben innerhalb des Norddeutschen Bundesgebietes im Verwaltungswege entzogen werden darf". Jedoch ließ sie es bei den Vorschriften der Landesgesetze bewenden, „welche die Entziehung der Befugniß zum selbständigen Betriebe eines Gewerbes durch richterliches Erkenntniß als Strafe im Falle einer durch die Presse begangenen Zuwiderhandlung vorschreiben oder zulassen" (§ 143 III GewO a. F.).

---

[5] Lindenberg, Reichsgewerbeordnung (1913) § 1 Erl. 5; Stier-Somlo, Kommentar zur Gewerbeordnung, 2. A. (1923) § 1 Erl. 6 A, B; Hoffmann, Die Reichsgewerbeordnung, 31., 32. A. (1929) § 1 Erl. 6; Reger-Stöhsel, Gewerbeordnung I, 8. A. (1929) § 1 Erl. 4; Conrad-Floegel, Kommentar zur Reichsgewerbeordnung und zum Gaststättengesetz (1931) § 1 GewO Erl. 7; Sieg-Leifermann, Gewerbeordnung (1960) § 1 Erl. 4; Fuhr, Kommentar zur Gewerbeordnung (o. J.) § 1 Erl. 12 (S. 25); Landmann-Rohmer-Eyermann-Fröhler, Gewerbeordnung, 12. A. (1963) § 1 Rdnr. 83.

[6] Vgl. z. B. die Übersicht der gewerberechtlichen Vorschriften bei Landmann-Rohmer-Eyermann-Fröhler, Gewerbeordnung, 12. A. (1963) Einl Rdnr. 14 ff.

[7] Eine ähnliche Formulierung wie in § 1 RPG und § 1 GewO findet sich auch in § 1 II des Gesetzes über die Freizügigkeit vom 1. November 1867 (BGBl. S. 55), das die Ausübung der in § 1 I des Gesetzes genannten Befugnisse unbeschränkt gewährte, „soweit nicht das gegenwärtige Gesetz Ausnahmen zuläßt". Dagegen enthält das Reichsvereinsgesetz vom 19. April 1908 (RGBl. S. 151) in § 1 ausdrücklich einen Hinweis auf Beschränkungen durch andere Reichsgesetze. Vgl. jetzt noch § 1 II Außenwirtschaftsgesetz.

[8] Bundesgesetzblatt des Norddeutschen Bundes 1869 S. 245 (278).

[9] Damit waren die von der GewO vorgeschriebenen oder zugelassenen besonderen Erlaubnisse gemeint. Vgl. §§ 147 I Nr. 1, 30, 38, 47 I GewO a. F.

2. Kapitel: Das strafrechtliche Berufsverbot des § 42 l StGB

Hätte das RPG nicht die Bestimmungen seiner §§ 1 und 4 enthalten, so wären gemäß § 143 III GewO a. F. strafrichterliche Berufsverbote auf Grund Landesrechts gegen selbständige Pressegewerbetreibende weiterhin zulässig gewesen, wie sie z. B. § 54 des preußischen Gesetzes über die Presse vom 12. Mai 1851 (GS. S. 273) vorsah[10].

Jedoch traf schon der Bundesratsentwurf eines Gesetzes über die Presse vom 11. Februar 1874[11] Vorkehrungen, um derartigen strafgerichtlichen Eingriffen in das Pressegewerbe entgegenzutreten. In § 1 bestimmte er zunächst:

Die rechtliche Stellung der Presse wird durch das gegenwärtige Gesetz geregelt und unterliegt nur denjenigen Beschränkungen, welche durch dasselbe vorgeschrieben oder zugelassen sind.

§ 3 I erklärte zwar die Bestimmungen der GewO für den Betrieb der Preßgewerbe maßgebend. § 3 IV setzte aber sodann „die im dritten Absatze des § 143 der Gewerbeordnung erwähnten Vorschriften ... außer Kraft". Wäre also der Entwurf insoweit Gesetz geworden, wären die strafrichterlichen Presseberufsverbote des Landesrechts nicht mehr zulässig gewesen. Auch § 143 I GewO a. F. hätte keine Handhaben gegen das Pressegewerbe geboten: Da das RPG das Konzessionssystem aufgab[12, 13], wären keine Konzessionsentziehungen mehr möglich gewesen; Untersagungen von Gewerbebetrieben nach den §§ 15 II und 35 GewO wären ebenfalls nicht in Frage gekommen, da § 15 II den Fall betraf,

---

[10] Eine Zusammenstellung der 1874 geltenden Landespressegesetze findet sich in den Motiven zum Entwurf eines Gesetzes über die Presse (Stenographische Berichte über die Verhandlungen des Deutschen Reichstages, 2. Legislatur-Periode — I. Session 1874. 3. Bd. Anlagen zu den Verhandlungen des Reichstages, Aktenstück Nr. 23 S. 137).

[11] Stenographische Berichte über die Verhandlungen des Deutschen Reichstages, 2. Legislatur-Periode — I. Session 1874. 3. Bd. Anlagen zu den Verhandlungen des Reichstages, Aktenstück Nr. 23 S. 135 ff. Die Materialien zum RPG sind auch in GA 22 (1874), 161 ff. abgedruckt.

[12] So ausdrücklich der Kommissar des Bundesrates Held vor dem Reichstag bei der Begründung des Entwurfs (Stenographische Berichte . . ., 2. Legislatur-Periode — I. Session 1874. 1. Bd. S. 149).

[13] Die Einführung bzw. Beibehaltung des Konzessionssystems für Pressegewerbe hatte den im Deutschen Bund vereinigten Staaten § 2 des (Bundes-)Beschlusses, allgemeine Bundesbestimmungen zur Verhinderung des Mißbrauchs der Preßfreiheit betr. vom 6. Juli 1854 vorgeschrieben (abgedruckt in: von Meyer-Zoepfel, Corpus Juris Confoederationis Germanicae, 2. Teil, 3. A. [1859] S. 601 ff.). Preußen hatte den Konzessionszwang schon vorher in § 1 seines Pressegesetzes vom 12. Mai 1851 (GS. S. 273) statuiert, während er im sächsischen Gesetz vom 14. März 1850 die Angelegenheiten der Presse betreffend (abgedruckt in: Die königlich sächsischen Gesetze, Verordnungen und Verträge die Presse und den Buchhandel sowie den Schutz der Rechte an literarischen Erzeugnissen usw. betreffend [1861] S. 1 ff.) fehlte und erst durch die §§ 2 ff. der Verordnung vom 30. Januar 1855 die Vollziehung des Bundestagsbeschlusses vom 6. Juli 1854 betreffend (Die königlich sächsischen Gesetze . . . S. 32 f.) eingeführt wurde.

daß ein Gewerbe ohne die erforderliche Erlaubnis begonnen wurde, während § 35 eine Reihe bestimmter Gewerbe aufzählte, unter denen die Presse nicht erwähnt wurde.

Jedoch wurde § 3 der Bundesratsvorlage nicht Gesetz. Nach der ersten Beratung im Reichstag am 20. Februar 1874[14] wurde sie zur weiteren Beratung einer Reichstagskommission überwiesen[15]. Diese behandelte den Gegenstand des § 3 der Vorlage nunmehr in § 4, wandelte die Vorschrift dabei aber um und gab ihr — bis auf einen hier nicht interessierenden zweiten Absatz — die heutige Fassung[16].

Sachlich brachte die Kommissionsvorlage indes insoweit keine Änderung. Sie wollte nur die etwas verborgene Vorschrift des § 3 IV des Entwurfs verdeutlichen. Dabei griff die Reichstagskommission auf eine Formulierung zurück, die bereits in § 2 eines Pressegesetzentwurfs des Reichstags aus dem Jahre 1873 enthalten war[17]. Zu diesem Entwurf hatte der damalige Komissionsbericht bemerkt[18]:

Die Befugniß zur Entziehung des Gewerbebetriebes auf administrativem Wege ist bereits durch § 143 der Deutschen Gewerbeordnung aufgehoben. Doch ist daselbst den Einzelgesetzgebungen nachgelassen, eine Entziehung des Gewerbebetriebes bei den Preßgewerben auf richterlichem Wege beizubehalten. Nun wird zwar dieses Alinea des § 143 der Deutschen Gewerbeordnung insofern gegenstandslos, als a l l e auf die Presse bezüglichen Vorschriften in den Einzelstaaten mit dem Erscheinen eines Reichspreßgesetzes selbstverständlich außer Kraft treten, dies auch noch ausdrücklich unten in § 12 ausgesprochen wird. Gleichwohl schien es nicht überflüssig, das Erlöschen der Bestimmung in § 143 der Deutschen Gewerbeordnung, Alinea 3, noch besonders hier auszusprechen.

Die Sache selbst anlangend, so war die Kommission darüber einig, daß die Entziehung des Preßgewerbebetriebes wegen einer bei Ausübung desselben begangenen Gesetzesübertretung — neben der ordentlichen Strafe für letztere — eine Härte und namentlich anderen Gewerben gegenüber, bei denen eine solche Bestrafung nicht stattfindet, eine Ungleichheit enthalte, die in Wegfall zu bringen sei — ganz abgesehen davon, daß die Maßregel nicht einmal die gewünschte Wirkung haben dürfte, da es einem davon Betroffenen gewöhnlich leicht sein werde, unter anderer Firma den gleichen Gewerbebetrieb wieder anzufangen.

---

[14] Stenographische Berichte . . ., 2. Legislatur-Periode — I. Session 1874. 1. Bd. S. 148 ff.
[15] Stenographische Berichte . . ., 2. Legislatur-Periode — I. Session 1874. 1. Bd. S. 161.
[16] Vgl. die im Anschluß an den Kommissionbericht „über den Gesetzentwurf über die Presse abgedruckte Zusammenstellung des Entwurfs eines Gesetzes über die Presse mit den Beschlüssen der Kommission" (Stenographische Berichte . . ., 2. Legislatur-Periode — I. Session 1874. 3. Bd. Anlagen, Aktenstück Nr. 67 S. 250 [257 ff.]).
[17] Stenographische Berichte . . ., I. Legislatur-Periode — IV. Session 1873. 3. Bd. Anlagen, Aktenstück Nr. 11 S. 35.
[18] Stenographische Berichte . . ., I. Legislatur-Periode — IV. Session 1873. 3. Bd. Anlagen, Aktenstück Nr. 59 S. 337.

Dem gleichen Zweck der Beseitigung von der GewO noch aufrechterhaltener, auf Landesrecht beruhender strafgerichtlicher Presseberufsverbote diente auch § 4 I der Kommissionsvorlage von 1874. Während sich um § 3 II, III der Bundesratsvorlage und den ihm korrespondierenden §§ 4 II, 5 der Kommissionsvorlage ein lebhafter Streit zwischen dem Bundesratsvertreter und dem Reichstag entspann[19], ging die rein deklaratorische und deklamatorische Umwandlung des § 3 IV in § 4 I ohne jeglichen Widerspruch vonstatten, da mit ihm nichts anderes gesagt werden sollte, als der Entwurf wollte. Der Kommissionsbericht bemerkte ausdrücklich, daß gegen die in den §§ 2, 3 und 4 der Bundesratsvorlage „enthaltenen Bestimmungen des Entwurfs ... ein Widerspruch nicht erhoben worden" war[20]. Auch der die Bundesratsvorlage vor dem Reichstag vertretende Bundeskommissar von Brauchitsch stellte bei der zweiten Beratung des RPG fest, daß nichts Wesentliches dagegen zu erinnern sei, „dem Gedanken, den der letzte Absatz des § 3[21] der Vorlage enthält, dem Gedanken nämlich, daß fortan weder im richterlichen, noch im administrativen Wege die Entziehung der Befugniß zum Betriebe eines Preßgesetzes zulässig sein solle, einen gleich erkennbaren Ausdruck zu geben"[22]. Er verwahrte sich nur gegen die materiellen Änderungen, die die Kommission an § 3 der Vorlage vorgenommen hatte.

§ 4 I wurde in der Fassung der Kommission in der zweiten Beratung angenommen[23] und blieb auch bei den weiteren Erörterungen des Reichstages[24] unerwähnt und unverändert.

---

[19] Vgl den Bericht der Kommission (Stenographische Berichte ..., 2. Legislatur-Periode — I. Session 1874. 3. Bd. Anlagen, Aktenstück Nr. 67 S. 250 f.), die Stellungnahme des Bundeskommissars von Brauchitsch im Reichstag (Stenographische Berichte ..., 2. Legislatur-Periode — I. Session 1874. 1. Bd. S. 385) und den Antrag Marquardsens in der dritten Beratung (Stenographische Berichte ..., 2. Legislatur-Periode — I. Session 1874. 2. Bd. S. 1083 und 3. Bd. Anlagen, Aktenstück Nr. 175, S. 481). Die Streitfrage betraf die nicht gewerbsmäßige öffentliche Verbreitung von Druckschriften sowie die gewerbsmäßige öffentliche Verbreitung durch Minderjährige.

[20] Stenographische Berichte ..., 2. Legislatur-Periode — I. Session 1874. 3. Bd. Anlagen, Aktenstück Nr. 67 S. 250. Aus den unmittelbar folgenden Ausführungen ergibt sich jedoch, daß es hinsichtlich der in Anm. 19 angedeuteten Fragen doch zu erheblichen Differenzen gekommen war. Entscheidend ist in diesem Zusammenhang aber allein, daß die Kommission den von ihr geschaffenen § 4 I dem § 3 IV der Bundesratsvorlage als sachlich gleichwertig ansah.

[21] Die Zitation des § 8 (Stenographische Berichte ..., 2. Legislatur-Periode — I. Session 1874. 1. Bd. S. 385) ist offensichtlich ein Druckfehler.

[22] Stenographische Berichte..., 2. Legislatur-Periode — I. Session 1874. 1. Bd. S. 385.

[23] Stenographische Berichte ..., 2. Legislatur-Periode — I. Session 1874. 1. Bd. S. 389. Vgl. auch die „Zusammenstellung des Entwurfs eines Gesetzes über die Presse mit den in zweiter Berathung im Plenum des Deutschen

§ 4 RPG stellt somit eine rein gewerberechtliche Vorschrift dar, die nur aus Gründen gesetzestechnischer Klarheit nicht den negativen Weg der Aufhebung des § 143 III GewO a. F. wählte, sondern positiv die Unzulässigkeit presserechtlicher Berufsverbote proklamierte. Die ratio legis war, wie sich insbesondere aus dem oben zitierten Kommissionsbericht von 1873 ergibt[25], darauf gerichtet, die auf den landesrechtlichen Strafbestimmungen beruhende Ungleichbehandlung der Presseberufe gegenüber anderen Gewerbezweigen zu beseitigen. Dem gleichen Gedanken verlieh auch der Bundeskommissar Held vor dem Reichstag Ausdruck, als er bei der Begründung der Bundesratsvorlage ausführte[26]:

Beseitigt werden die richterlichen Koncessionsentziehungen, welche die Gewerbeordnung als Strafe für Zuwiderhandlungen noch aufrechterhält ... In allen diesen Beziehungen wirkt der Entwurf nivellirend, Hindernisse der Preßfreiheit radikal ausrottend.

§ 4 RPG bezweckte also nicht eine Privilegierung der Presseberufe, sondern ihre Gleichschaltung mit anderen Gewerbezweigen. Er wollte bestehende Sonderbeschränkungen der Presse beseitigen, dieser aber keine Vorzugsstellung gegenüber anderen Gewerben einräumen. Er entfaltete sozusagen eine in die Vergangenheit gerichtete Wirkung, indem er alte gewerberechtliche Benachteiligungen aufhob. Es lag ihm aber fern, künftige — reichsrechtliche — Eingriffe zu unterbinden. Denn gegenüber künftigen speziellen Pressegesetzen konnte er wegen des bereits behandelten Grundsatzes „lex posterior derogat legi priori"[27] keine Kraft entfalten, und gegenüber künftigen allgemeinen Gesetzen wollte er es nicht, da ihm nur an der Gleichbehandlung der Presse, nicht aber an einer Sonderbehandlung gelegen war[28]. Dagegen war der Landesgesetzgeber nach dem Inkrafttreten des RPG nicht mehr imstande, Vorschriften im Widerspruch zu § 4 RPG zu erlassen, was sich jedoch schon aus § 1 RPG ergab.

Reichstages über denselben gefaßten Beschlüssen" (Stenographische Berichte ..., 2. Legislatur-Periode — I. Session 1874. 3. Bd. Anlagen, Aktenstück Nr. 116 S. 390 [391]).

[24] Stenographische Berichte ..., 2. Legislatur-Periode — I. Session 1874. 1. Bd. S. 391 ff., 423 ff., 455 ff., 487 ff., 533 ff., 2. Bd. S. 1083 ff., 1109 ff. Vgl. auch das Gesetz über die Presse (Nach den Beschlüssen des Reichstages in dritter Berathung) (Stenographische Berichte ..., 2. Legislatur-Periode — I. Session 1874. 3. Bd. Anlagen, Aktenstück Nr. 180 S. 487).

[25] Vgl. Anm. 18.

[26] Stenographische Berichte ..., 2. Legislatur-Periode — I. Session 1874. 1. Bd. S. 149.

[27] Vgl. § 7 II 1.

[28] Für den gewerberechtlichen Charakter des § 4 I RPG spricht auch die einleitende Wendung des § 4 II RPG, der „im übrigen", also soweit nicht die Untersagung eines Gewerbes im Spiele steht, sondern seine Ausübung, die GewO für maßgebend erklärt.

In der presserechtlichen Literatur war es ebenfalls stets anerkannt, daß der Sinn des § 4 I RPG in der stillschweigenden Abänderung des § 143 GewO a. F. lag[29], [30]. Daher wurde gelegentlich sogar mit Recht gesagt, daß § 4 I RPG keine Bedeutung mehr habe[31].

§ 4 I RPG war daher ungeeignet und von seinen Vätern auch gar nicht dazu bestimmt, allgemeinen (Reichs-)Gesetzen, die für alle Berufe und Gewerbe Verbotsmöglichkeiten bringen, ein Hindernis zu bereiten. Eine Normenkonkurrenz zu § 42 1 StGB bestand und besteht nicht; ein auf Grund dieser Vorschrift verhängtes Berufsverbot gegen einen Presseangehörigen wird durch das RPG nicht ausgeschlossen.

Aber selbst wenn man der subjektiven oder historischen Auslegungsmethode nicht folgt und in § 4 I RPG — gegen den Willen des Gesetzgebers — mehr sieht als eine bloße Korrektur der Gewerbeordnung und eine Bindung des Landesgesetzgebers, gelangt man zu keinem anderen Ergebnis. Bei objektiver Interpretation könnte man sich zwar auf den Standpunkt stellen, daß § 4 I RPG über seinen Hauptzweck hinaus auch eine Nebenfunktion dergestalt erfülle, daß er als Spezialgesetz künftigen Generalgesetzen, die ein Berufsverbot für alle oder viele Berufe enthalten, vorgehe. Mit anderen Worten: Für ihn könnte der das Prinzip „lex posterior derogat legi priori" durchbrechende[32] Grundsatz „lex posterior generalis non derogat legi priori speciali" gelten. Jedoch im Gegensatz zu der ersten „konkurrenzlösenden"[33] Kollisionsnorm ist die zweite durchaus nicht unverbrüchlich und unbedingt. Sie stellt vielmehr lediglich eine Auslegungshilfe, eine wider-

---

[29] Schwarze, Das Reichs-Preßgesetz vom 7. Mai 1874 (1874) Erl. zu § 4; Berner, Lehrbuch des deutschen Preßrechts (1876) S. 176, 187; Ebner, Pressrecht § 4 Erl. I; Das Recht des Preßgewerbebetriebes (1909) S. 61; Kitzinger, Reichspressegesetz § 4 Erl. I; Häntzschel, Reichspreßgesetz § 4 Erl. 3; wohl auch in Preßrecht S. 66; Mannheim, Pressrecht (1927) S. 17; vgl. auch Löffler, Presserecht § 4 RPG Rdnr. 3.

[30] Ausdrücklich wurde § 143 III GewO a. F. erst durch Art. 14 I des Gesetzes, betr. die Abänderung der Gewerbeordnung vom 1. Juli 1883 (RGBl. S. 159) aufgehoben, wodurch Abs. IV zum Abs. III aufrückte und § 143 seine heutige Fassung erhielt. Zur Begründung der Beseitigung des Abs. III verwies der Gesetzgeber auf die Bestimmungen des RPG. Vgl. die Begründung des Gesetzes (Stenographische Berichte ..., 5. Legislatur-Periode — II. Session 1882/83. 5. Bd. Anlagen, Aktenstück Nr. 5 S. 31).

[31] Ebner, Das Recht des Preßgewerbebetriebes (1909) S. 61; Kitzinger, Reichspressegesetz § 4 Erl. I; Häntzschel, Preßrecht S. 66.

[32] Hensel, HdbchDStR II S. 314; Anschütz, Art. 13 Erl. 2; Baumgarten, Grundzüge der juristischen Methodenlehre (o. J.) S. 36; Nawiasky, Allgemeine Rechtslehre als System der rechtlichen Grundbegriffe (1948) S. 92; Esser, Einführung in die Grundbegriffe des Rechtes und Staates (1949) S. 135; Peters, Lehrbuch der Verwaltung S. 94; Bettermann, Grundrechte III 2 S. 533 sub 4 c; Giacometti, Allgemeine Lehren des rechtsstaatlichen Verwaltungsrechts I (1960) S. 183; Heinrich Lehmann, Allgemeiner Teil § 5 I; Hans J. Wolff, Verwaltungsrecht I § 27 I b 3.

[33] Der Ausdruck stammt von Lerche, Übermaß S. 99, 125 u. ö., der ihn allerdings in anderem Zusammenhang benutzt.

§ 8: Weitergeltung des Berufsverbots

legliche Vermutung für das Weitergelten der Spezialnorm dar[34]. Nur wenn das spätere allgemeine Gesetz nicht zu erkennen gibt, daß es die frühere Spezialnorm aufheben will, gilt diese weiter. Der Gesetzgeber des § 42 1 StGB wollte hingegen, wie sich aus der oben mitgeteilten Begründung ergibt[35], ein umfassendes Berufsverbotsrecht statuieren. Daß er im Hinblick auf § 4 I RPG eine Ausnahme für die Presseberufe machen wollte, ist überdies auch schon deshalb äußerst unwahrscheinlich, weil er erst kurz zuvor durch die bereits erwähnten Verordnungen[36] des Reichspräsidenten zum Schutze des deutschen Volkes vom 4. Februar 1933 (RGBl. I S. 35) und zum Schutz von Volk und Staat vom 28. Februar 1933 (RGBl. I S. 83), das Reichskulturkammergesetz vom 22. September 1933 (RGBl. I S. 661) nebst der 1. DVO vom 1. November 1933 (RGBl. I S. 797) sowie das Schriftleitergesetz vom 4. Oktober 1933 (RGBl. I S. 713) die Pressefreiheit völlig beseitigt hatte. Angesichts der pressefeindlichen Tendenzen dieser legislativen Maßnahmen wäre die Annahme lebensfremd, § 42 1 StGB habe nicht auch dazu dienen sollen,

„die öffentliche Meinung, um nicht zu sagen, zu kontrollieren, so doch wenigstens in ihrer Gestaltung gewissermaßen zu überwachen und dafür zu sorgen, daß sie nicht in Wege hineingerät, die Staat und Volk und dem Allgemeinwohl abträglich sein könnten"[37].

Obwohl wegen der Fülle der Instrumente zur Bekämpfung der Pressefreiheit § 42 1 StGB nicht mehr notwendig gewesen wäre, spricht doch alles dagegen, daß er sie nicht ebenfalls bekämpfen sollte. § 4 I RPG war demnach auch bei dieser Betrachtungsweise kein Hindernis für ein strafrechtliches Berufsverbot gegen Presseangehörige.

§ 8: Die Weitergeltung des strafrechtlichen Berufsverbots für Presseangehörige

An dieser Rechtslage hat sich bis zum Kriegsende nichts geändert. § 42 1 StGB erhielt lediglich durch Gesetz vom 28. Juni 1935 (RGBl. I S. 839) den noch heute geltenden Abs. IV. Auch die nach dem Kriege

---

[34] Burckhardt, Die Organisation der Rechtsgemeinschaft 2. A. (1944) S. 257 Anm. 66; Walter Jellinek, Verwaltungsrecht S. 141 f.; Nawiasky, Allgemeine Rechtslehre als System der rechtlichen Grundbegriffe (1948) S. 92; Esser, Einführung in die Grundbegriffe des Rechtes und Staates (1949) S. 135; Enneccerus-Nipperdey, § 45 I 3; Lange, BGB, Allgemeiner Teil, 5. A. (1961) § 7 VI 2; Hans J. Wolff, Verwaltungsrecht I § 27 I b 3.
[35] Vgl. § 6.
[36] Vgl § 7 I.
[37] Reichsminister Dr. Goebbels in seiner Rede vor der deutschen Presse am 4. Oktober 1933 (zitiert nach Schmidt-Leonhardt/Gast, Das Schriftleitergesetz, 3. A. [1944] S. 14).

erlassenen zahlreichen Landespressegesetze[1] brachten insoweit keinen Wandel. Während einige von ihnen zusätzliche Berufsverbote gegen Presseangehörige einführten[2], hatte lediglich § 2 II des württemberg-badischen Gesetzes Nr. 1032 über die Freiheit der Presse eine Einschränkung bereits bestehender Verbotsmöglichkeiten gebracht. Die Bestimmung hatte folgenden Wortlaut:

> Vorschriften, welche die Ausübung eines Gewerbes von der Zulassung durch die Verwaltungsbehörden abhängig machen, sowie Vorschriften, welche Verwaltungsbehörden oder Gerichte zur Untersagung oder Schließung eines Gewerbebetriebes ermächtigen, finden auf Betriebe des Pressegewerbes keine Anwendung.

Diese Bestimmung beschäftigte sich in ihrer zweiten Hälfte nicht, wie § 42 l StGB, mit der Untersagung der Ausübung eines Berufes, Gewerbes oder Gewerbezweiges, sondern mit der Untersagung oder Schließung eines Gewerbebetriebes. Sie verdrängte also nur diejenigen Normen, die eine Verbotsgrundlage gegenüber solchen Personen dar-

---

[1] Es handelt sich um folgende Gesetze: Bremen, Gesetz zum Schutze der Freiheit der Presse vom 20. Dezember 1948; Württemberg-Baden, Gesetz Nr. 1032 über die Freiheit der Presse vom 1. April 1949; Hessen, Gesetz über Freiheit und Recht der Presse vom 22. Juni 1949 i. d. F. vom 20. November 1958 (Hess. GVBl. S. 183 — SaBl. S. 1503); Schleswig-Holstein, Gesetz zur vorläufigen Regelung des Pressewesens vom 27. September 1949; Bayern, Gesetz über die Presse vom 3. Oktober 1949; Hamburg, Gesetz über die Selbstverwaltung der Presse vom 3. Oktober 1949, aufgehoben durch Gesetz vom 12. Dezember 1960 (Hamb. GVBl. S. 459 — SaBl. 1961 S. 114); Nordrhein-Westfalen, Gesetz über die Berufsausübung von Verlegern, Verlagsleitern und Redakteuren vom 17. November 1949; Saarland, Gesetz Nr. 460 über das Pressewesen (Pressegesetz) vom 8. Juli 1955 (ABl. Saar S. 1034 = SaBl. S. 864); Baden-Württemberg, Gesetz über die Presse (Landespressegesetz) vom 14. Januar 1964 (GBl. S. 11 = SaBl. S. 221). Die Landespressegesetze — außer dem hessischen Änderungsgesetz von 1958 sowie dem saarländischen und baden-württembergischen Pressegesetz — sind abgedruckt bei Lüders, Presse- und Rundfunkrecht (1952) sowie in der Beckschen Textausgabe „Presserecht", 2. A. (1958) und kommentiert bei Löffler, Presserecht S. 459 ff.
Die ständige Konferenz der Innenminister der Länder hat kürzlich einen „Modellentwurf für ein Landespressegesetz" verabschiedet (abgedruckt in ArchPR 1963, 329 ff.; Stellungnahme des deutschen Presserats in ArchPR 1963, 353 ff.). Auf seiner Grundlage beruht das baden-württembergische Gesetz und werden in anderen Bundesländern zur Zeit Landespressegesetze erarbeitet (vgl. für Schleswig-Holstein ArchPR 1963, 369 ff.).

[2] Vgl. §§ 5, 6 und 7 des schleswig-holsteinischen Gesetzes zur vorläufigen Regelung des Pressewesens, § 4 des hamburgischen Gesetzes über die Selbstverwaltung der Presse und §§ 3 und 4 des nordrhein-westfälischen Gesetzes über die Berufsausübung von Verlegern, Verlagsleitern und Redakteuren.
§ 4 des nordrhein-westfälischen Gesetzes ist allerdings vom BVerfG (E 10, 118) für verfassungswidrig erklärt worden. Das Land Hamburg hat daraufhin durch Gesetz vom 12. Dezember 1960 (Hamb. GVBl. S. 459 — SaBl. 1961 S. 114) sein Pressegesetz aufgehoben. Die Gültigkeit der übrigen Vorschriften ist bestritten (vgl. Löffler, Presserecht Einl D Rdnr. 58 ff., 66 ff., 72 ff.; NJW 1960, 29 f.; Füchtenbusch, S. 146 ff.; Hönsch, S. 128 ff.; s. auch Reißmüller, JZ 1960, 531 sub 3.

§ 8: Weitergeltung des Berufsverbots

stellen, die bereits selbständige Pressegewerbetreibende sind oder es demnächst sein werden. Insoweit schob das württemberg-badische Gesetz die allgemeine Verbotsermächtigung des § 42 1 StGB beiseite. Im Gegensatz zu § 4 I RPG, der nur die Gleichbehandlung der Pressegewerbe erstrebt, zielte es darauf ab, der Presse eine bevorzugte Stellung einzuräumen.

Obwohl das StGB ehemaliges Reichsrecht darstellt, war der Landesgesetzgeber, wie sich aus Art. 125 Nr. 2 und 122 I GG ergibt, bis zum Zusammentritt des ersten Bundestages, dem 7. September 1949, befugt, in seinen Normenbestand einzugreifen[3]. Dabei spielte es keine Rolle, ob er das alte Reichsrecht ausdrücklich aufhob oder ob er, ohne es formal anzutasten, durch Erlaß entgegenstehender Vorschriften — wie des § 2 II des württemberg-badischen Pressefreiheitsgesetzes vom 1. April 1949 — seine Geltung konkludent einengte[4]. Diese Bestimmung beschränkte in ihrem räumlichen Geltungsbereich die Anwendung des § 42 1 StGB bis zum 1. Februar 1964[5]. An diesem Tage trat das baden-württembergische Landespressegesetz vom 14. Januar 1964 in Kraft (§ 26 I), dessen § II lit. b das württemberg-badische Gesetz über die Freiheit der Presse aufhob.

Damit ist auch diese geringfügige territoriale Ausnahme beseitigt und das strafrechtliche Berufsverbot im ganzen Bundesgebiet einschließlich des Landes Berlin zulässig[6] — sofern man von den noch näher zu erörternden verfassungsrechtlichen Bedenken absieht. Bis zu BVerfGE 10, 118, war es denn auch kaum zweifelhaft, daß § 42 1 StGB auf Presseangehörige Anwendung fand[7].

---

[3] Vgl. BVerfGE 2, 237 (252 f.); 7, 18 (26 f.); Löffler-Bofinger, DÖV 1955, 201; Hamann, Art. 125 Erl. B 7.
[4] Vgl. dazu BVerfGE 7, 18 (26 ff.); 9, 153 (158); Holtkotten BK, Art. 125 Erl. II 8 c; Hamann, Art. 125 Erl. B 7.
[5] Allerdings konnte zweifelhaft sein, ob eine derartige Privilegierung der Presse mit Art. 5 II GG vereinbar war, wonach (auch) die Pressefreiheit ihre Schranken in den Vorschriften der allgemeinen Gesetze findet. Jedoch kann dieser Frage hier nicht nachgegangen werden.
[6] **Einige Landespressegesetze** erklären ausdrücklich, daß die für jedermann geltenden Normen auch für die Presse verbindlich sind und lediglich Sondermaßnahmen gegen die Presse ausgeschlossen sein sollen. Vgl. §§ 1 II, 2 II bayPG, 3, 4 I bremPG, 2 II hessPG, 1 I 1 saarlPG; 1 III, V bawüPG.
[7] BGHSt, Hochverrat und Staatsgefährdung II S. 159 (185); ArchPR, Sonderheft: Übersicht über die Rechtsprechung in Pressesachen IV (1959) S. 67; Jagusch, LK § 42 1 Erl. II 3; Maurach, Allgemeiner Teil S. 698; Geiger, ArchPR 1959, 43; Sarstedt, zitiert bei Löffler, DÖV 1961, 340; a. A. Löffler, ArchPR 1959, 77; vgl. auch Löffler, Presserecht § 1 RPG Rdnr. 65, S. 439 Rdnr. 21.

Zweiter Abschnitt

Die Norm des § 42 l StGB

§ 9: § 42 l StGB im allgemeinen

Im folgenden sind Tatbestand und Rechtsfolge des § 42 l StGB zu klären. Diese Prüfung ist die Grundlage für den Vergleich mit dem verfassungsrechtlichen Presseberufsverbot nach Art. 18 GG, § 39 I 3 BVerfGG.

I. Der Tatbestand

Der Tatbestand, an den sich das Berufsverbot knüpft, ist in § 42 l I StGB umschrieben.

1. Die Verurteilung

Zunächst ist erforderlich, daß jemand wegen eines Verbrechens oder Vergehens zu Freiheitsstrafe von mindestens drei Monaten verurteilt wird. Jedoch genügt nicht jede Bestrafung wegen irgendwelcher Verbrechen oder Vergehen. Es muß sich vielmehr um solche handeln, die der Täter „unter Mißbrauch seines Berufes oder Gewerbes oder unter grober Verletzung der ihm kraft seines Berufes oder Gewerbes obliegenden Pflichten begangen hat". Eine scharfe Grenze zwischen diesen beiden Alternativen besteht indes nicht[1].

A. Mißbrauch

Ein Mißbrauch des Berufs oder Gewerbes liegt dann vor, wenn der Täter seinen Beruf oder sein Gewerbe dazu ausnutzt, Ziele zu verfolgen, die der Bestimmung des Berufs oder Gewerbes nicht entsprechen oder deren Zwecke verfälschen[2]. Die Straftat muß mit dem Beruf oder Gewerbe in innerem Zusammenhang stehen, eine innere Beziehung zu dem Beruf oder Gewerbe aufweisen[3]. Sie muß ihrer Art nach bei Ausübung des Berufs oder Gewerbes begangen werden[4] und sich somit

---

[1] OLG Hamburg, NJW 1955, 1569; Schäfer-Wagner-Schafheutle, S. 155 sub 3 a; Schäfer-Dohnanyi, Die Strafgesetzgebung der Jahre 1931 bis 1935 (1936) S. 104; Maurach, Allgemeiner Teil S. 697; Schönke-Schröder, § 42 l Erl. II 1 vor a.

[2] RGSt 68, 397 (399); BGHSt bei Dallinger, MDR 1952, 146; 1956, 144; BayObLG, NJW 1957, 959; Jagusch LK, § 42 l Erl. II 1 a; Schönke-Schröder, § 42 l Erl. II 1 a; Schwarz-Dreher, § 42 l Erl. 1 A a.

[3] OLG Hamburg, NJW 1955, 1569; Jagusch LK, § 42 l Erl. I 2; Maurach, Allgemeiner Teil S. 698; Schönke-Schröder, § 42 l Erl. II 1 a.

[4] Jagusch LK, § 42 l Erl. II 2.

als Ausfluß der Berufs- oder Gewerbeausübung darstellen[5]. Es genügt nicht, wenn die strafbare Handlung nur aus Anlaß der Berufsausübung vorgenommen wird und als zufällige Begleiterscheinung der Berufsausübung anzusehen ist[6].

B. Grobe Pflichtverletzung

Eine grobe Verletzung beruflicher oder gewerblicher Pflichten ist dann anzunehmen, wenn der Täter durch die Tat den Pflichten gröblich zuwiderhandelt, die ihm für die Ausübung des Berufs oder Gewerbes durch Gesetz, Vertrag oder Verwaltungsakt auferlegt sind[7]. Bei Berufen, die eine besondere Zuverlässigkeit erfordern, reichen schon weniger schwerwiegende Verstöße aus[8]. Pflichten, deren Erfüllung jedermann obliegt, fallen nicht unter § 42 l StGB[9]; es sind vielmehr berufliche oder gewerbliche Sonderpflichten erforderlich[10].

2. Erforderlichkeit des Berufsverbots

Sodann setzt die Verhängung des Berufsverbots voraus, daß „es erforderlich ist, um die Allgemeinheit vor weiterer Gefährdung zu schützen", wobei es allerdings genügt, wenn die Allgemeinheit in einzelnen Personen gefährdet ist[11]. Das Berufsverbot ist nicht erforderlich, wenn weniger einschneidende Maßnahmen genügen, um die Allgemeinheit vor weiterer Gefährdung zu schützen[12]. So kann es etwa ausreichen, dem Täter die Ausübung eines Berufszweiges oder eines Teiles seines Berufes zu verbieten[13]. Eine weitere Gefährdung der Allgemeinheit liegt vor, wenn die Wahrscheinlichkeit besteht, daß der Verurteilte auch künftig einschlägige Delikte begehen wird[14], nachdem er aus der Strafhaft entlassen ist[15].

---

[5] RGSt 68, 397 (399); BGHSt bei Dallinger, MDR 1952, 146; 1956, 144; BayObLG, NJW 1957, 959; Kohlrausch-Lange, § 42 l Erl. II.
[6] RGSt 68, 397 (398 f.); BGHSt bei Dallinger, MDR 1952, 146; OLG Hamburg, NJW 1955, 1569; Jagusch LK, § 42 l Erl. II 2; Kohlrausch-Lange, § 42 l Erl. II; Schwarz-Dreher, § 42 l Erl. 1 A a.
[7] BayObLG, NJW 1957, 959; OLG Hamburg, NJW 1955, 1569; Jagusch LK, § 42 l Erl. II 1 b; Schönke-Schröder, § 42 l Erl. II 1 b.
[8] BGHSt bei Dallinger, MDR 1953, 19; OLG Hamburg, NJW 1955, 1569; Schönke-Schröder, § 42 l Erl. II 1 b; Schwarz-Dreher, § 42 l Erl. 1 A b.
[9] BayObLG, NJW 1957, 959; Jagusch LK, § 42 l Erl. II 1 b; Maurach, Allgemeiner Teil S. 698; Kohlrausch-Lange, § 42 l Erl. I.
[10] BayObLG, NJW 1957, 959; Kohlrausch-Lange, § 42 l Erl. I.
[11] BGHSt, GA 1960, 183; Schönke-Schröder, § 42 l Erl. II 3.
[12] Jagusch LK, § 42 l Erl. II 3; Schönke-Schröder, § 42 l Erl. II 3.
[13] RGSt, DJ 1937, 819; Jagusch LK, § 42 l Erl. II 3.
[14] BGHSt, GA 1955, 151; Jagusch LK, § 42 l Erl. II 1 vor a; Sax, Grundrechte III 2 S. 966; Schwarz-Dreher, § 42 l Erl. 1 B.
[15] RGSt 74, 54 (55); BGHSt bei Dallinger, MDR 1952, 146; 1956, 143; BGHSt, GA 1953, 155; 1955, 151; Olshausen-Niethammer, § 42 l Erl. 5; Börker, DRiZ 1956, 35; Jagusch LK, § 42 l Erl. II 4; Schönke-Schröder, § 42 l Erl. II 3; Schwarz-Dreher, § 42 l Erl. 1 B.

II. Die Rechtsfolge

Als Rechtsfolge sieht § 42 l I StGB die zeitweilige Untersagung der Ausübung des Berufes, Gewerbes oder Gewerbezweiges vor. Sie kann nur neben, nicht an Stelle der Strafe verhängt werden[16]. Der Gedanke, der dem § 42 l StGB zugrunde liegt, ist, daß der einzelne die ihm von der Rechtsordnung gewährte Berufs- und Gewerbefreiheit verwirken kann, wenn aus der weiteren Berufsausübung der Allgemeinheit Gefahren erwachsen würden[17]. Nach Ansicht der strafrechtlichen Rechtsprechung und Literatur steht die Verhängung des Berufsverbots im Ermessen des Gerichts[18]. Doch ist nach ihr das Berufsverbot stets auszusprechen, wenn der Zweck den § 42 l StGB angemessen erscheinen läßt[19], es sei denn, daß besondere Umstände vorliegen, die ein Absehen von der Berufsuntersagung rechtfertigen[20].

Gegenstand des Berufsverbots ist die Ausübung des Berufes oder Gewerbes, in dem die strafbare Handlung begangen worden ist[21]. Dabei kann über den speziellen Berufs- oder Gewerbezweig hinaus die gesamte Berufs- oder Gewerbegattung miterfaßt werden[22]. Das Berufsverbot muß für mindestens ein Jahr verhängt werden und darf fünf Jahre nicht überschreiten. Innerhalb dieses zeitlichen Rahmens hat das Gericht sein Ermessen walten zu lassen[23]. Zuwiderhandlungen gegen das Verbot sind nach § 145 c StGB strafbar.

§ 10: § 42 l StGB bei Anwendung auf Presseangehörige

Bei der Betrachtung des § 42 l StGB ergeben sich einige Besonderheiten in der Anwendung auf Presseangehörige.

I. Keine Übertretungen

Da nur die Bestrafung wegen eines Verbrechens oder Vergehens die Rechtsfolge des Berufsverbots zu rechtfertigen vermag, fallen eine

---

[16] Schönke-Schröder, § 42 l Erl. I.
[17] Vgl. die Begründung des § 42 l StGB durch das Reichsjustizministerium (Deutscher Reichsanzeiger und Preußischer Staatsanzeiger Nr. 277/1933 S. 4) sowie Jagusch LK, § 42 l Erl. V und Schönke-Schröder, § 42 l Erl. I.
[18] BGHSt bei Dalinger, MDR 1956, 144; Jagusch LK, § 42 l Erl. III; Maurach, Allgemeiner Teil S. 698; Schönke-Schröder, § 42 l Erl. III; Schwarz-Dreher, § 42 l Erl. 2 vor A.
[19] RGSt 74, 54 (54 f.); RGSt, DR 1941, 995; Schönke-Schröder, § 42 l Erl. III.
[20] RGSt 74, 54 (54 f.).
[21] Schönke-Schröder, § 42 l Erl. III.
[22] RGSt 71, 69 (70); BGHSt, MDR 1958, 783; Schönke-Schröder, § 42 l Erl. III.
[23] Schönke-Schröder, § 42 l Erl. IV.

Reihe von Übertretungen, die auch mit den Mitteln der Presse verwirklicht werden können, aus dem Bereich des § 42 l StGB heraus[1].

II. Die von § 42 l StGB erfaßten Pressedelikte

Von den im StGB geregelten Verbrechen und Vergehen können eine große Anzahl mit den Mitteln der Presse begangen werden. Folgende Delikte kommen insbesondere für die Anwendung des § 42 l StGB auf Presseangehörige in Betracht:

§§ 80 (Hochverrat), 81 (Vorbereitung eines hochverräterischen Unternehmens), 83 II (hochverräterischer Zwang gegen den Bundespräsidenten), 84 Nr. 1 (hochverräterische Publikationen), 90 a (Förderung verfassungsverräterischer Vereinigungen), 91 (verfassungsverräterische Zersetzung), 92 (verfassungsverräterischer Nachrichtendienst), 93 (verfassungsverräterische Publikationen), 95 (Verunglimpfung des Bundespräsidenten), 96 (Verächtlichmachung der Bundesrepublik und ihrer Symbole), 96 a (Verwendung von Kennzeichen verbotener Organisationen), 97 (Verunglimpfung von Organen des Bundes und der Länder), 100 (vorsätzlicher Landesverrat), 100 a (Herstellung unechter Staatsgeheimnisse), 100 c (fahrlässiger Landesverrat), 100 d (landesverräterische Beziehungen), 103 (Beleidigung ausländischer Staatsmänner), 105 (Parlamentsnötigung), 106 (Parlamentariernötigung), 106 a II (Aufforderung zur Bannkreisverletzung), 107 (Wahlverhinderung), 108 (Wahlnötigung), 109 d (Verleumdung der Bundeswehr), 109 f (militärischer Nachrichtendienst), 109 g (strafbare Abbildung von Wehrmitteln), 110 (Aufforderung zum Ungehorsam), 111 (Aufforderung zu strafbaren Handlungen), 114 (Beamtennötigung), 126 (Landzwang), 128 (Geheimbündelei), 129 (Förderung krimineller Vereinigungen), 129 a (Aufrechterhaltung verbotener Vereinigungen), 130 (Angriffe auf die Menschenwürde), 131 (Staatsverleumdung), 140 (öffentliche Billigung von Verbrechen), 144 (Verleitung zur Auswanderung), 146, 149 (Falschmünzerei), 164 (falsche Anschuldigung), 166 (Gotteslästerung), 184 I Nr. 1 (Verbreitung unzüchtiger Schriften), 184 I Nr. 3 (Ankündigung und Anpreisung erotischer Reizmittel), 184 I Nr. 4 (unzüchtige Ankündigungen), 184 b (anstößige Gerichtsberichterstattung), 185 (Beleidigung), 186 (üble Nachrede), 187 (Verleumdung), 187 a (politische üble Nachrede), 189 (Verunglimpfung des Andenkens Verstorbener), 219 I Ankündigung

---

[1] Dabei handelt es sich z. B. um folgende Straftaten: §§ 360 I Nr. 5 (unerlaubter Druck von Papiergeld, papiergeldgleichen Urkunden, Stempelpapier, Stempelmarken, Postwertzeichen, öffentlichen Bescheinigungen, Formularen), 360 I Nr. 6 (Herstellung papiergeldähnlicher Drucksachen), 360 I Nr. 7 (Wappenanmaßung), 360 I Nr. 11 StGB (grober Unfug), § 5 II RPG, § 148 GewO (Zuwiderhandlungen gegen Druckschriftenverbreitungsverbot), § 19 RPG (Presseordnungsdelikte), §§ 56 I Nr. 1 lit. i, 148 I Nr. 7 GewO (Vertrieb bestimmter Schriften im Reisegewerbe).

und Anpreisung von Abtreibungsmitteln), 223 (Körperverletzung), 240 (Nötigung), 241 (Bedrohung mit einem Verbrechen), 241a (politische Verdächtigung), 253 (Erpressung), 257 (Begünstigung), 263 (Betrug), 267 (Urkundenfälschung), 275 (Wertzeichenfälschung), 300 (Verletzung des Berufsgeheimnisses), 353b (Verletzung der Amtsverschwiegenheit), 353c (Mitteilung amtlicher Schriftstücke).

Dagegen werden in der Literatur als Beispiele für die Anwendung des § 42 l StGB bei Pressestraftaten jedoch nur etwa das Vertreiben illegaler oder unzüchtiger Schriften durch einen Buchhändler[2] oder die Presseverleumdung durch einen Schriftleiter[3] genannt[4]. Das Nebenstrafrecht enthält ebenfalls zahlreiche als Pressedelikte begehbare Straftatbestände. Als Beispiele seien genannt:

§§ 18 (Presseordnungsdelikte), 21 (Pressefahrlässigkeit), 28 II RPG (Verstoß gegen Pressebeschlagnahme), § 10 Sprengstoffgesetz vom 9. Juni 1884 — RGBl. S. 61 — (Aufforderung zu Sprengstoffverbrechen), Art. II und III des Gesetzes betreffend die unter Ausschluß der Öffentlichkeit stattfindenden Gerichtsverhandlungen vom 5. April 1888 — RGBl. S. 133 —, § 90 Börsengesetz vom 8. Mai 1908 — RGBl. S. 215 — (unerlaubte Kurszettelveröffentlichung und -verbreitung), §§ 3, 4, 5 II Gesetz gegen den unlauteren Wettbewerb vom 7. Juni 1909 — RGBl. S. 499 — (unerlaubte Werbung), §§ 1 II, 2, 8 S. 1, 13 Nr. 1 Sammlungsgesetz vom 5. November 1934 — RGBl. I S. 1086 — (Durchführung, Förderung und Ankündigung von Sammlungen), §§ 3 ff. Polizeiverordnung über die Werbung auf dem Gebiete des Heilmittelwesens vom 29. September 1941 — RGBl. I S. 587 —, §§ 42, 47 BVerfGG (Zuwiderhandlungen gegen Entscheidungen des BVerfG), §§ 3, 4, 5, 6, 21 I Gesetz über die Verbreitung jugendgefährdender Schriften vom 9. Juni 1953 — BGBl. I S. 377 —, §§ 9 II Nr. 2, 3 (Ratschläge zur Bekämpfung von Geschlechtskrankheiten), 21 (Werbung für Heilmittel) Gesetz zur Bekämpfung der Geschlechtskrankheiten vom 23. Juli 1953 — BGBl. I S. 700 —, § 4 Versammlungsgesetz vom 24. Juli 1953 — BGBl. I S. 684 — (Verwendung nationalsozialistischer Kennzeichen).

Ob das mittels der Presse begangene Delikt ein „Presseinhaltsdelikt" im technischen Sinne der §§ 20, 21, 22, 23 Nr. 3 RPG, § 41 StGB, §§ 7 II, 53 I Nr. 5 StPO[5] darstellt, ist in diesem Zusammenhang gleichgültig; denn für § 42 l StGB reicht es aus, wenn der Presseangehörige eine strafbare Handlung begeht, die den Tatbestand dieser Vorschrift erfüllt. Daß aus dem Inhalt des Presseerzeugnisses die Umstände, welche

---

[2] Schönke-Schröder, § 42 l Erl. II 1 a.
[3] Maurach, Allgemeiner Teil S. 698.
[4] Nur Löffler, Presserecht S. 503 ff., hat die für Presseangehörige in Frage kommenden Straftatbestände zum großen Teil kommentiert.
[5] Zu dem umfangreichen Theorienstreit über den Begriff des Presseinhaltsdelikts vgl. Löffler, Presserecht Vorbem. §§ 20/21 RPG Rdnr. 1 ff.

die Strafbarkeit begründen, erkennbar sind[6], ist daher nicht erforderlich.

III. Mißbrauch des Berufs und Verletzung von Berufspflichten

Die Begehung eines der genannten Delikte genügt allerdings noch nicht zur Verhängung eines Berufsverbots. Die Tat muß vielmehr unter Mißbrauch des Presseberufs oder -gewerbes oder unter grober Verletzung presseberuflicher oder -gewerblicher Pflichten begangen worden sein. Diejenigen Vorschriften, die die Herausgabe, Vervielfältigung, Verbreitung und Bevorratung von Schriften oder öffentlichen Bekanntmachungen in ihren Tatbestand aufgenommen haben[7] oder sich sonst ausschließlich oder vornehmlich an Presseangehörige wenden[8], begründen besondere, der Allgemeinheit nicht obliegende Berufspflichten, deren (grobe) Verletzung von der zweiten Alternative des § 42 l I StGB ergriffen wird.

Die übrigen der genannten Delikte können dagegen von jedermann, nicht nur von Presseangehörigen, verwirklicht werden. Deshalb stellt ihre Begehung auch nicht die Verletzung einer beruflichen Sonderpflicht dar. Sie fällt jedoch unter die erste Alternative des § 42 l I StGB, da Straftaten, die mit den Mitteln und Waffen der Presse begangen werden, eng mit der — rechtmäßigen — beruflichen Betätigung zusammenhängen und sich somit als deren Ausfluß darstellen. Der Presseberuf bietet dem Täter nicht nur Anlaß und äußere Möglichkeit zur Verübung bestimmter Straftaten, sondern Beruf und Verbrechen verschmelzen durch die Benutzung desselben publizistischen Werkzeugs zu einer Einheit.

---

[6] was nach der von Löffler, Presserecht Vorbem. §§ 20/21 RPG Rdnr. 42 ff., vertretenen Mittelmeinung für das Vorliegen eines Presseinhaltsdelikts erforderlich ist.

[7] Von den in § 10 II angeführten Tatbeständen gehören folgende dieser Gruppe an: §§ 84 Nr. 1, 93, 95, 96, 96 a, 97, 110, 111, 140, 166, 184 I Nr. 1, 4, 184 b, 187 a, 219 I StGB, § 90 Börsengesetz, §§ 3, 4, 5 II Gesetz gegen den unlauteren Wettbewerb, §§ 1 II, 2, 8 S. 1, 13 Nr. 1 Sammlungsgesetz, §§ 3 ff. PolizeiVO über Heilmittelwerbung, §§ 3, 4, 6, 21 I Gesetz über die Verbreitung jugendgefährdender Schriften, §§ 9 II Nr. 2, 3, 21 Geschlechtskrankheitengesetz.

[8] Hierbei handelt es sich um die Pressespezialvorschriften der §§ 18, 21, 28 II RPG, Art. II, III des Gesetzes betreffend die unter Ausschluß der Öffentlichkeit stattfindenden Gerichtsverhandlungen und die Bestimmungen über verbotene Nachrichtendienste in den §§ 92, 109 f StGB.

Drittes Kapitel

Das Verhältnis der Verwirkungsnormen zu § 42 l StGB

Nachdem das verfassungsrechtliche und das strafrechtliche Berufsverbot isoliert betrachtet worden sind, ist nunmehr ihr gegenseitiges Verhältnis darzustellen. Dabei ist zunächst zu untersuchen, ob und inwieweit Tatbestände und Rechtsfolgen beider Verbotsgrundlagen sich decken und überschneiden.

Wie bereits dargelegt wurde[9], ergibt sich die Zulässigkeit des verfassungsrechtlichen Berufsverbots nicht schon aus Art. 18 GG, sondern diese Maßnahme wird erst durch § 39 I 3 BVerfGG ermöglicht. Deshalb muß das Konkurrenzverhältnis zu § 42 l StGB in einem neuen Licht gesehen werden. Während man allgemein das strafrechtliche Berufsverbot am Maßstab des Art. 18 GG mißt[10], ist es nach der hier vorgetragenen Auffassung erforderlich, auch das Verhältnis von § 39 I 3 BVerfGG zu § 42 l StGB ins Auge zu fassen.

Erster Abschnitt

Die Kongruenz der Normen

§ 11: Der gesetzestechnische Aufbau der Normen

Die Ermächtigung zur Verhängung eines strafrechtlichen Berufsverbots findet sich in § 42 l StGB. Das verfassungsrechtliche Berufsverbot stützt sich auf § 39 I 3 BVerfGG. Tatbestandlich setzt eine derartige genau bezeichnete Beschränkung in Form einer Presseberufsunter-

---

[9] Vgl. oben § 5 III 2.
[10] BGHSt 17, 38 (41 ff.); Löffler, NJW 1960, 30 sub 5; Reißmüller, JZ 1960, 533; Stree, Deliktsfolgen und Grundgesetz S. 225 f.; Gallwas, S. 195, 198; Schwenk, NJW 1962 1323; Copić, JZ 1963, 497 ff.; Hönsch, S. 126 f.; Schönke-Schröder § 42 l Erl. I.
Auch das BVerfG (E 10, 118 [122]) hat den von ihm für nichtig erklärten § 4 des nordrhein-westfälischen Gesetzes über die Berufsausübung von Verlegern, Verlagsleitern und Redakteuren nicht an § 39 I 3 BVerfGG, sondern unmittelbar an Art. 18 GG gemessen.

sagung voraus, daß das BVerfG gemäß § 39 I 1 BVerfGG festgestellt hat, daß jemand — mindestens — das Grundrecht der Pressefreiheit verwirkt hat. In einem solchen Falle — wenn also der Verwirkungsantrag des § 36 BVerfGG begründet ist — kann es die Verwirkungsdauer befristen (§ 39 I 2 BVerfGG) und Maßnahmen nach § 39 I 3 BVerfGG verhängen. Mit dem Wort „auch" verweist S. 3 auf S. 2, der wiederum die Feststellung des S. 1 zur Voraussetzung hat. Bedingung für das als Beschränkung nach § 39 I 3 BVerfGG ergehende verfassungsrechtliche Berufsverbot ist also ein Verwirkungsausspruch des BVerfG hinsichtlich der Pressefreiheit. Die Ähnlichkeit mit dem strafrechtlichen Berufsverbot nach § 42 l StGB ist insoweit evident, denn beide Verbote sind nur zulässig, wenn zugleich in der Hauptsache eine dem Täter belastende Entscheidung getroffen wird. Die Vorschriften sind gesetzestechnisch gleich konstruiert, indem jeweils eine Verurteilung erforderlich ist.

Auch in ihrem weiteren Aufbau weisen die beiden Berufsverbote eine gewisse Verwandtschaft auf: Ebenso wie das BVerfG die Verwirkung unter Umständen ganz oder teilweise wieder aufheben oder die Dauer der Verwirkung abkürzen kann (§ 40 S. 1 BVerfGG), ist das Strafgericht befugt, die Untersagung der Berufsausübung wieder aufzuheben, wenn der Zweck der Maßregel ihre Fortdauer nicht mehr erforderlich erscheinen läßt (§ 42 l IV 1 StGB). In beiden Fällen muß aber die Maßnahme, die genau zu bezeichnen ist (§ 39 I 3 BVerfGG, § 260 II StPO), eine gewisse Zeit gedauert haben (§ 40 S. 1 BVerfGG, § 42 l IV 2 StGB). Schließlich ist auch die Zuwiderhandlung gegen die Berufsverbote unter Strafe gestellt (§ 42 BVerfGG, § 145 c StGB).

In ihrer Zielsetzung stimmen sie ebenfalls überein. § 42 l StGB ist Teil des Abschnitts 1 a des StGB über (präventive) Maßregeln der Sicherung und Besserung und enthält keine (repressive) Strafe, die begangenes Unrecht sühnen soll (§ 42 a Nr. 6 StGB). Das strafrechtliche Berufsverbot dient nicht der Besserung des Täters, sondern, wie sich aus seinem Wortlaut eindeutig ergibt, dem Schutz der Allgemeinheit. Es ist eine reine Sicherheitsmaßregel[1]. Die gleiche rechtliche Qualifizierung kommt auch den Maßnahmen des § 39 I 3 BVerfGG sowie darüber hinaus der gesamten Verwirkungsentscheidung nach Art. 18 GG, §§ 13 Nr. 1, 36 ff. BVerfGG zu. Die verfassungsrechtliche Verwirkung ist keine Strafe für vorangegangenes Tun. Sie soll vielmehr die

---

[1] Vgl. Maurach, Allgemeiner Teil S. 688; Reißmüller, JZ 1960, 523 f.
Der Charakter des strafrechtlichen Berufsverbots als Sicherungsmaßnahme wird noch verstärkt in § 101 des StGB-Entwurfs 1962 (BT-DrS. Nr. 650/IV), wonach die Untersagung der Berufsausübung nicht mehr an die Voraussetzung der Verurteilung geknüpft, sondern auch bei Freispruch wegen mangelnder Schuld zulässig ist.

Möglichkeit schaffen, den Staat künftig vor seinen Feinden zu schützen. Ihr Zweck ist Prävention, nicht Repression[2].

Ein erheblicher Unterschied im Aufbau beider Normen liegt jedoch in folgendem: Während § 42 l I StGB äußerst weit gefaßt ist, da ihn eine Vielzahl von Delikten auszufüllen vermag[3], ist der Geltungsbereich des § 39 I 3 BVerfGG wesentlich enger, denn nur der Mißbrauch einiger bestimmter Grundrechte zum Kampf gegen die freiheitliche demokratische Grundordnung kann den Verwirkungsausspruch nebst den sonstigen Folgen auslösen. Umgekehrt ist die Rechtsfolge des § 42 l StGB auf die Maßregel des Berufsverbots beschränkt, während § 39 I 3 BVerfGG eine Reihe von Maßnahmen zuläßt.

§ 12: Das Verhältnis der Normen insgesamt

Beide zur Prüfung gestellten Normen (§ 39 I 3 BVerfGG, § 42 l I StGB) gehören dem unterverfassungsrechtlichen Gesetzesrecht und damit derselben Geltungsebene an. Es scheint somit ein Fall der Konkurrenz einfacher Gesetze vorzuliegen. Jedoch wäre ein normativer Vergleich, der sich lediglich auf die Vorschriften der §§ 39 I 3 BVerfGG und 42 l I StGB beschränkte, wenig zweckmäßig. Vielmehr läßt sich das Konkurrenzverhältnis zwischen diesen Bestimmungen nur lösen, wenn man auf die ihnen zugrundeliegenden Normen zurückgreift, also ermittelt, auf Grund welcher Tatbestände der Verwirkungsausspruch

---

[2] Maunz-Dürig, Art. 18 Rdnr. 39 f.; Dürig, JZ 1952, 516 f.; Echterhölter, JZ 1953, 657; Kind, S. 39 f., 147 Anm. 1; Klemmer, S. 45, 64; von Mangoldt-Klein Art. 18 Erl. III 4; Reisnecker, S. 211 Anm. 1; Reißmüller, JZ 1960, 532 f.; Füchtenbusch, S. 99, anders dagegen S. 96 Anm. 204, 97 („Schutzmaßnahme mit Strafcharakter", „strafrechtsähnliche Schutzmaßnahme"); Gallwas, S. 175 f., 182; Hönsch, S. 40 f.; Copić, JZ 1963, 497; Scheuner, BayVBl 1963, 68.
Auch das BVerfG geht in seiner Entscheidung E 11, 282 offensichtlich von der Präventionstheorie aus. In diesem — bisher einzigen (vgl. die statistische Übersicht in: Das Bundesverfassungsgericht (1963) S. 296 f., 298 f.) — Verwirkungsverfahren (gegen einen ehemaligen SRP-Funktionär) hat es einen Verwirkungsantrag der Bundesregierung zurückgewiesen, weil der Antragsgegner seine staatsfeindliche Tätigkeit aufgegeben hatte; sollte er sie wieder aufnehmen, führt das BVerfG aus, könnte in dem neuen Verfahren auf die alten Vorgänge zurückgegriffen werden. Diese Auffassung hat zur Voraussetzung, daß die Verwirkungsentscheidung nicht der Ahndung früheren Unrechts, sondern der Verhinderung künftigen verfassungsfeindlichen Verhaltens dient.
Unklar Scheuner, Kaufmann-Festgabe S. 329, der den Verwirkungsausspruch als „echte repressive Sanktion des Mißbrauchs der Freiheitsrechte" ansieht, ihn aber dann nicht als Strafe, sondern als Sicherungsvorkehrung verfassungsrechtlicher Art bezeichnet; vgl. auch Scheuner, Recht—Staat—Wirtschaft III S. 141. Kessler, S. 66, nennt die Verwirkung eine „strafähnliche Maßnahme"; ähnlich Lechner, BVerfGG § 13 Nr. 1 Erl. 1; Lechner-Hülshoff, Parlament und Regierung, 2. A. (1958) S. 451. Am weitesten geht von Weber DRiZ 1951, 155; JZ 1953, 293, 294, der die Verwirkung als Sonderstrafe betrachtet.
[3] Vgl. oben § 10 II.

§ 12: Das Verhältnis der Normen insgesamt

bzw. die strafrechtliche Verurteilung nebst der sie begleitenden Maßnahme des Berufsverbots verhängt werden kann.

Der dogmatische Grund für diese Ausweitung der zu vergleichenden Vorschriften liegt darin, daß zwar sowohl § 39 I BVerfGG als auch § 42 l I StGB in sich abgeschlossene Bestimmungen mit eigenem Tatbestand (Verwirkungsentscheidung; Verurteilung zu Freiheitsstrafe) und eigener Rechtsfolge (genau bezeichnete Beschränkungen; Berufsverbot), zugleich aber selbst Teile umfassenderer Normen sind. Diese zusammengesetzten Normen oder Normen zweiten Grades lassen sich ebenfalls in Tatbestand und Rechtsfolge zerlegen.

Für die verfassungsrechtliche Verwirkung ergibt sich dabei folgendes: Der Tatbestand ist in Art. 18 S. 1 GG enthalten und besteht im Mißbrauch der dort genannten Grundrechte zum Kampf gegen die freiheitliche demokratische Grundordnung. Ihre (primäre) Rechtsfolge liegt in der vom BVerfG auszusprechenden Verwirkung (Art. 18 GG, §§ 13 Nr. 1, 36 ff. BVerfGG). Die Verwirkungsentscheidung ist also im Verhältnis zu Art. 18 S. 1 GG Rechtsfolge, im Verhältnis zu den Maßnahmen des § 39 I 3 BVerfGG aber Tatbestand.

Eine derartige Doppelfunktion von Normbestandteilen ist nichts Außergewöhnliches. Sie findet sich in allen Rechtsgebieten: So ist das Strafurteil gegen einen Beamten Rechtsfolge im Hinblick auf die von diesem begangenen Delikte, aber Tatbestand für die Beendigung des Beamtenverhältnisses (§ 48 BBG, § 24 I BRRG); die Verurteilung zur Zahlung einer Geldsumme ist die Rechtsfolge einer Anspruchsverletzung und Tatbestand für die Unterbrechung und — eventuelle — Verlängerung der Verjährungsfrist (§ 218 I 1 BGB); die Ehescheidung ist die Rechtsfolge des Ehebruchs (§ 42 EheG) und tatbestandliche Voraussetzung der Bestrafung wegen Ehebruchs (§ 172 StGB). In all diesen Fällen ist das Urteil Rechtsfolge, entfaltet aber zugleich eine Tatbestandswirkung.

Ein wenig komplizierter liegen die Dinge beim strafrechtlichen Berufsverbot. Auch hier ist die zu Freiheitsstrafe verurteilende Entscheidung des Strafgerichts sowohl Tatbestand, insoweit sie das Gericht zur Untersagung der Berufsausübung berechtigt, als auch Rechtsfolge der von dem Verurteilten begangenen Delikte. Allerdings ist diese Rechtsfolge nicht wie die des Art. 18 S. 1 GG auf einen relativ engen Tatbestand beschränkt, sondern sie kann sich an viele Straftaten knüpfen. Da § 42 l StGB wie die übrigen Maßregeln der Sicherung und Besserung seinen Platz im allgemeinen Teil des StGB gefunden hat und somit sozusagen vor die Klammer gezogen worden ist, muß er bei jedem Delikt, auf das ein Berufsverbot folgen kann, hinzugedacht werden. Er stellt somit aus systematischen Gründen eine Sammelrechtsfolge für eine Vielzahl von Straftatbeständen dar.

Zu vergleichen sind also nicht — nur — § 39 I BVerfGG und § 42 l StGB, sondern die umfassenderen Normen, deren Bestandteile sie sind: Art. 18 GG, § 39 I BVerfGG einerseits und § 42 l StGB in Verbindung mit den ihm zugrundeliegenden Delikten andererseits.

§ 13: Das Verhältnis der Normen im einzelnen

I. Das Verhältnis der Tatbestände

Da der in Art. 18 S. 1 GG umschriebene Tatbestand enger ist als der strafrechtliche, kann nur ein kleiner Teil der oben genannten Delikte[1] mit ihm konkurrieren. Es handelt sich dabei um diejenigen Straftaten, die durch Bekämpfung der freiheitlichen demokratischen Grundordnung verwirklicht werden. Zwar verwendet das StGB diese Generalklausel nicht; doch enthält es eine Reihe von Delikten, die von ihr erfaßt werden. Es sind dies diejenigen Straftatbestände, die dem Schutz einer der in der freiheitlichen demokratischen Grundordnung verborgenen Fundamentalnormen[2] dienen. Sie gehören also dem politischen Strafrecht an. Jedoch stehen nicht alle erwähnten Staatsschutzvorschriften in Konkurrenz mit dem Kampftatbestand des Art. 18 S. 1 GG, denn nur wenige von ihnen haben die Aufgabe, bestimmte besonders bedeutsame Verfassungsgrundsätze vor Beeinträchtigungen zu bewahren[3]. Insbesondere kommen hier die Staatsgefährdungsdelikte in Frage, deren Tatbestand die in § 88 II StGB aufgeführten Verfassungsgrundsätze umfaßt[4]. In diesen Zusammenhang gehören auch die Straftaten, die gemäß § 94 I StGB durch Hinzutritt der Absicht, die Verfassungsgrundsätze des § 88 II StGB[5] zu beeinträchtigen, in Staatsgefährdungsdelikte umgewandelt werden[6]. Sie überlagern sich indes nur solange und soweit mit Art. 18 S. 1 GG, als die staatsfeindliche Absicht vorhanden ist. Weiterhin sind solche Bestimmungen Konkurrenz-

---

[1] Vgl. deren Aufzählung § 10 II.
[2] Vgl. dazu oben § 3 II 3.
[3] Zu dieser Gruppe gehören die §§ 80 I Nr. 1 (Änderung der „auf dem Grundgesetz der Bundesrepublik ... beruhende(n) verfassungsmäßige(n) Ordnung"), 81 I (Vorbereitung eines hochverräterischen Unternehmens gegen die verfassungsmäßige Ordnung der Bundesrepublik), 84 Nr. 1 (soweit sich die hochverräterischen Publikationen gegen die verfassungsmäßige Ordnung der Bundesrepublik richten), 90 a (soweit die Vereinigung sich gegen die verfassungsmäßige Ordnung richtet), 91, 92, 93, 95 III, 96 III, 96a III, 97, 100 d II, III StGB.
[4] §§ 91, 92, 93, 95 III, 96 III, 96 a III, 97 StGB. Vgl. auch § 100 d II, III StGB.
[5] Zum Verhältnis zwischen der freiheitlichen demokratischen Grundordnung und den Verfassungsgrundsätzen des § 88 II StGB vgl. oben § 3 II 5.
[6] Dieser Umwandlung sind folgende Pressedelikte fähig: §§ 106, 106 a II, 107, 108, 110, 111, 114, 126, 128, 129, 129 a, 130, 223, 240, 241, 241 a, 257, 267, 275, 353 b und 353 c StGB.

vorschriften gegenüber Art. 18 S. 1 GG, die nach ihrem Tatbestand den Bestand der Bundesrepublik schützen sollen[7], denn, wie bereits dargelegt[8], verbietet das Grundgesetz mit der Bekämpfung der freiheitlichen demokratischen Grundordnung zugleich auch jede Aktion, die auf die Beseitigung der Bundesrepublik abzielt. Alle Delikte, in deren Tatbestand die freiheitliche demokratische Grundordnung — wenngleich nur in einzelnen Ausprägungen und verkleideter Form — erscheint, konkurrieren schon in abstracto mit Art. 18 S. 1 GG, ohne daß es auf sonstige außerhalb der eigentlichen Straftat liegende Umstände ankommt. Sie sind im Verhältnis zu dieser Vorschrift notwendige Konkurrenznormen.

Die übrigen mit den Mitteln der Presse begehbaren Delikte haben das Schutzobjekt der freiheitlichen demokratischen Grundordnung nicht in ihren Tatbestand aufgenommen. Das schließt nicht aus, daß sie im Einzelfall eine gegen diese Grundordnung gerichtete Kampfhandlung sein können. Mit Recht sagt Blei[9], daß die Verfassungsgrundsätze des § 88 II StGB wie wenige andere Rechtsgüter mit praktisch jedem Mittel angreifbar seien. So kann etwa eine hochverräterische Nötigung des Bundespräsidenten nach § 83 II StGB völlig außerhalb des politischen Bereichs liegen, wenn z. B. auf die Ausübung des Gnadenrechts (Art. 60 GG) rechtswidrig Einfluß genommen wird. Sie kann aber auch einen Angriff auf die freiheitliche demokratische Grundordnung darstellen. Im Gegensatz zur ersten, stets konkurrierenden Deliktsgruppe läßt sich bei der zweiten Kategorie nur an den die konkrete Straftat begleitenden Umständen des Einzelfalles ablesen, ob eine Konkurrenz vorliegt (mögliche Konkurrenz).

Lediglich einige wenige Pressestraftaten werden kaum Kampfaktionen im Sinne des Art. 18 S. 1 GG sein können, wenn dies auch theoretisch nicht ganz unmöglich ist. So zählen etwa die Ankündigung und Anpreisung erotischer Reizmittel (§ 184 I Nr. 3 StGB) sowie die Erteilung von Ratschlägen zur Behandlung von Geschlechtskrankheiten (§ 9 II Nr. 2, 3 Geschlechtskrankheitengesetz) im allgemeinen nicht zum Instrumentarium der Verfassungsfeinde[9a].

---

[7] Folgende Pressedelikte kommen in Betracht: §§ 80 I Nr. 2, 81 I (Vorbereitung eines hochverräterischen Unternehmens gegen das Bundesgebiet), 84 Nr. 1 (soweit sich die hochverräterischen Publikationen gegen den Bestand der Bundesrepublik richten), 91, 92, 93, 95 III, 96 III, 96 a III, 97, 100 d StGB sowie die in § 94 I StGB genannten Tatbestände, wenn und soweit sie in der Absicht verwirklicht werden, den Bestand der Bundesrepublik zu beeinträchtigen.
[8] Vgl. oben § 3 II 7.
[9] GA 1961, 227.
[9a] Dagegen läßt sich, worauf mich Herr Prof. Blei aufmerksam macht, die freiheitliche demokratische Grundordnung durchaus im Wege der Verbreitung unzüchtiger Schriften (§ 184 I Nr. 1 StGB) bekämpfen. Man denke z. B. an die aus dem Osten in die Bundeswehr eingeschleusten Magazine.

3. Kapitel: Das Verhältnis der Verwirkungsnormen zu § 42 1 StGB

II. Das Verhältnis der Rechtsfolgen

Wie bereits ausgeführt[10], sind die Rechtsfolgen beider Normen unterschiedlich. Während § 39 I 3 BVerfGG — auch gegen Presseangehörige — eine Vielzahl genau zu bezeichnender Beschränkungen zuläßt, sieht § 42 1 StGB als Rechtsfolge einzig und allein die Untersagung der Berufsausübung vor.

Zweiter Abschnitt

Die Konkurrenz der Normen

Da nunmehr die Überschneidungen des verfassungsrechtlichen und des strafrechtlichen Berufsverbots festliegen, kann erörtert werden, ob und inwieweit die Berufsmaßregel des Grundrechtsverwirkungsverfahrens die Vorschrift des § 42 1 StGB bei Presseangehörigen verdrängt. Es empfiehlt sich, dabei von der einschlägigen Rechtsprechung des Bundesverfassungsgerichts auszugehen.

§ 14: Die Rechtsprechung des Bundesverfassungsgerichts zur Sperrwirkung des Art. 18 GG

Unter den im allgemeinen nicht sehr ergiebigen Stellungnahmen des BVerfG zu Art. 18 GG[1] sind nur zwei für das Problem der Sperr- oder Konkurrenzwirkung[2] bedeutsam. Es sind dies die sog. Nordrhein-Westfalen-Entscheidung vom 16. 10. 1959[3], durch die § 4 des nordrhein-westfälischen Gesetzes über die Berufsausübung von Verlegern, Verlagsleitern und Redakteuren vom 17. 11. 1949 für nichtig erklärt wurde, und der Beschluß vom 27. 6. 1961[4] über den Ausschluß eines ehemaligen KPD-Funktionärs von Entschädigungsleistungen nach dem Bundesentschädigungsgesetz vom 29. 6. 1956 (BGBl. I S. 562) — BEG.

I. Die Nordrhein-Westfalen-Entscheidung

Dem ersten Beschluß lag eine Vorlage gemäß Art. 100 I GG zugrunde, durch die § 4 des nrw Pressegesetzes zur verfassungsgerichtlichen Prüfung gestellt wurde. Diese Vorschrift ermächtigt(e) die Lan-

---

[10] Vgl. oben § 11.
[1] BVerfGE 2, 1 (74 f.); 5, 85 (200); 7, 1 (6); 10, 118; 11, 182; 13, 46 (49 ff.); 13, 174 (177).
[2] Der Ausdruck „Sperrwirkung" stammt von Gallwas, S. 142 ff.
[3] BVerfGE 10, 118.
[4] BVerfGE 13, 46.

§ 14: Die Rechtsprechung des Bundesverfassungsgerichts 103

desregierung, „Verlegern, Verlagsleitern und verantwortlichen Redakteuren die Berufsausübung (zu) untersagen, wenn sie ihre berufliche Tätigkeit gegen die freiheitliche demokratische Grundordnung, insbesondere zur Verbreitung nationalistischer, totalitärer, rassen- oder völkerverhetzender Gedanken mißbrauchen oder mißbraucht haben".

Das BVerfG stellt zunächst fest, daß § 4 einen Eingriff in die Pressefreiheit darstelle, der zulässig sei, wenn er auf einem allgemeinen Gesetz nach Art. 5 II GG beruhe[5]. Es läßt jedoch die Frage, ob die Bestimmung ein allgemeines Gesetz im Sinne dieser Vorschrift sei, unentschieden, weil auch ein solches Gesetz mit der (übrigen) Verfassungsordnung im Einklang stehen müsse. Eine derartige Übereinstimmung wird jedoch verneint, da § 4 gegen Art. 18 GG verstoße[6]. Art. 18 GG ermächtigt das BVerfG nach seiner Ansicht zur Verhängung eines zeitweiligen Berufsverbots gegenüber einem verantwortlichen Redakteur, wenn dieser die Pressefreiheit zum Kampfe gegen die freiheitliche demokratische Grundordnung mißbraucht[7, 8]. Könnte auch die Landesregierung ein presserechtliches Berufsverbot aussprechen, würde sie „eine Sanktion verhängen, die einer teilweisen Verwirkung dieses Grundrechts gleichkäme"[9]. § 4 stehe „schon deshalb im Widerspruch zu Art. 18 GG, weil" er „der Landesregierung eine Maßnahme überträgt, die nach dieser Vorschrift allein dem Bundesverfassungsgericht vorbehalten ist"[10]. Die Ausführungen erwecken den Anschein, als ob die landesrechtliche Norm bereits aus dem Grunde nichtig sei, daß sie eine Rechtsfolge vorsehe, die auch und nur vom BVerfG verhängt werden dürfe. Indes ergibt sich aus den anschließenden Ausführungen, daß das BVerfG eine derart weitgehende These nicht aufstellen will. Es geht nämlich nunmehr von der isolierten Betrachtung der Rechtsfolgen ab, bei der es nicht auf die Tatbestände eingegangen ist, und wendet sich den Voraussetzungen zu, an die das BVerfG und die nrw Landesregierung ein presserechtliches Berufsverbot knüpfen können. Es führt dazu aus[11]: Für den Mißbrauch des Rechts der freien politischen Betätigung einschließlich der Pressefreiheit zum Kampf gegen die freiheitliche demokratische Grundordnung habe das GG schwere Sanktionen angedroht, zugleich aber auch durch besondere Rechtsgarantien dafür gesorgt, daß diese nicht leichthin verhängt werden könnten. Diesem Ziel diene vor allem, daß der Ausspruch der

---

[5] BVerfGE 10, 118 (121 f.).
[6] BVerfGE 10, 118 (122).
[7] Daß diese Rechtsfolge sich erst in Verbindung mit § 39 I 3 BVerfGG ergibt, wurde bereits oben § 5 III 2 dargelegt.
[8] Gallwas, S. 184, nimmt — im Gegensatz zu S. 149 f. — irrtümlich an, das BVerfG habe diese Frage offengelassen.
[9] BVerfGE 10, 118 (122 f.).
[10] BVerfGE 10, 118 (123).
[11] BVerfGE 10, 118 (123).

Sanktionen dem BVerfG vorbehalten sei. Dieses wohlausgewogene System dürfe nicht dadurch durchbrochen werden, daß neben der bundesverfassungsrechtlichen Regelung für den gleichen Tatbestand des Mißbrauchs noch weitere gleichartige Sanktionen von einem Landesgesetzgeber angedroht würden. Abschließend bemerkt das BVerfG[12], indem es gemäß § 78 S. 2 BVerfGG die Nichtigkeit des § 4 auch für Verleger und Verlagsleiter feststellt, daß die Untersagung ihnen gegenüber ebenfalls einer teilweisen Verwirkung gleichkomme. Eine solche Verwirkung könne jedoch, wenn sie wegen Mißbrauchs der Pressefreiheit zum Kampf gegen die freiheitliche demokratische Grundordnung ausgesprochen werden solle, nach Art. 18 GG nur das BVerfG feststellen.

Sein Ergebnis faßt das BVerfG in folgendem Leitsatz zusammen[13]: Art. 18 GG steht landesrechtlichen Vorschriften entgegen, die einer Verwirkung des Grundrechts der Pressefreiheit wegen Mißbrauchs zum Kampfe gegen die freiheitliche demokratische Grundordnung gleichkommen.

II. Die BEG-Entscheidung

Mit einem späteren Beschluß[14] über die Verfassungsmäßigkeit des § 6 I Nr. 2 BEG, der aktive Gegner der freiheitlichen demokratischen Grundordnung von der Entschädigung ausschließt, hat das BVerfG die Prinzipien der Nordrhein-Westfalen-Entscheidung bestätigt und dahin präzisiert, daß die Feststellung, jemand bekämpfe die freiheitliche demokratische Grundordnung, nicht nur im Verfahren nach Art. 18 GG getroffen werden könne; jedoch bestimme diese Vorschrift das BVerfG zum gesetzlichen Richter für den Ausspruch der Verwirkung gewisser Grundrechte und schließe damit Entscheidungen anderer Staatsorgane aus, die im Ergebnis eines der in Art. 18 GG genannten Grundrechte aberkennen.

Entscheidend für die Sperrwirkung des Art. 18 GG ist also nach der Ansicht des BVerfG nicht mehr, daß eine landesrechtliche Norm vorliegt[15], sondern es genügt jede Bestimmung, die an den Tatbestand der

---
[12] BVerfGE 10, 118 (124).
[13] BVerfGE 10, 118.
[14] BVerfGE 13, 46 (51).
[15] Deshalb bedarf die — zunächst merkwürdige — Frage, ob § 42 1 StGB, insoweit er auf Presseangehörige Anwendung findet, eine Norm des Bundes- oder Landesrechts sei, keiner Erörterung. Dieses Problem stellt sich, weil das BVerfG (E 7, 29 [43]) § 67 StGB, soweit er die Verjährung für die durch die Presse begangenen Verbrechen regelt, zu einer Vorschrift des Landesrechts erklärt hat (vgl. dazu Haas, DVBl 1957, 615).
Auch Reißmüller ist der Ansicht (JZ 1960, 530), es sei für die Sperrwirkung des Art. 18 GG unerheblich, ob die konkurrierende Vorschrift dem Bundes- oder Landesrecht angehöre. Ebenso Schwenk, NJW 1962, 1323; Hamann, Grundgesetz und Strafgesetzgebung S. 38.

Bekämpfung der freiheitlichen demokratischen Grundordnung eine Rechtsfolge knüpft, die nur vom BVerfG verhängt werden kann, weil sie einer — völligen oder teilweisen — Verwirkung gleichkommt.

§ 15: Kritische Beurteilung der Rechtsprechung des Bundesverfassungsgerichts

Die Nordrhein-Westfalen-Entscheidung hat zumeist Billigung gefunden[1] und vom BGH[2] zumindest keine Kritik erfahren. Billigung verdient indes nur das Ergebnis, Kritik dagegen die Begründung. Deren entscheidender Fehler liegt — abgesehen von der mangelnden Auseinandersetzung mit Art. 12 I GG[3] — in der Vermischung von Art. 18 GG und § 39 I 3 BVerfGG[4]. Das BVerfG verkennt infolgedessen, daß Ermächtigungsgrundlage für sein presserechtliches Berufsverbot nicht Art. 18 GG ist, sondern diese sich erst aus der dem einfachen Gesetzesrecht angehörenden Norm des § 39 I 3 BVerfGG ergibt[5]. Konsequent folgt daraus der weitere Irrtum, daß die Untersagung der Presseberufsausübung als — teilweise — Verwirkung der Pressefreiheit angesehen wird[6]. Der — bloße— Ausspruch der Verwirkung von Grundrechten führt aber nur, wie bereits dargelegt wurde[7], zum Verlust des grundrechtlichen Abwehrrechts. Er bewirkt aber weder ein Berufsverbot dergestalt, daß die früher im grundrechtlich geschützten Raum vorgenommenen Betätigungen rechtswidrig werden, noch stellt er eine Ermächtigung zu dessen Verhängung dar. Eine solche bietet allein das BVerfGG. Demgemäß ist das nach § 39 I 3 BVerfGG in Form einer genau bezeichneten Beschränkung ergehende presserechtliche Berufsverbot zwar eine Verwirkungsfolge, weil es einen Verwirkungsausspruch voraussetzt; mit der Verwirkung selbst ist es aber nicht identisch.

---

[1] OVG Berlin AS 6, 159 (163 f.); Löffler, ZVZV 1959, 1426; NJW 1960, 29; 1961, 530; ArchPR 1961, 174; Reißmüller, JZ 1960, 529; Stree, Deliktsfolgen und Grundgesetz S. 225; Gallwas, S. 197; Kohlhaas, ZVZV 1961, 902; Hamann, NJW 1962, 1848 f.; Rechtsgutachten über die Verfassungswidrigkeit des Verbotes des Verlages „Hohe Warte" . . . (o. J.) S. 20; Heinemann, NJW 1962, 891 sub III; 1963, 5 f.; Leinveber, ArchPR 1962, 295; Rehbinder, NJW 1962, 2140 f.; Willms, Staatsschutz S. 24 nebst Anm. 25; Copić, JZ 1963, 497; Friesenhahn, Verfassungsgerichtsbarkeit S. 97; Scheuner, BayVBl 1963, 67 Anm. 16. Kritisch dagegen Willms, DRiZ 1961, 9; Schwenk, NJW 1962, 1323; Dagtoglou, Pressefreiheit S. 14 ff.
[2] BGHSt 17, 38 (39 ff.).
[3] Vgl. dazu oben § 5 III 2.
[4] Vgl. dazu bereits oben § 5 III 2.
[5] Denselben Fehler begehen z. B. auch Füchtenbusch S. 97 und Rehbinder, NJW 1962, 2141. Unklar Gallwas, S. 177 f.
[6] Ebenso aber auch Füchtenbusch, S. 58 Anm. 135; Löffler, NJW 1960, 29 sub 3; Reißmüller, JZ 1960, 532.
[7] Vgl. oben § 5 II 2.

Diese verfehlte rechtliche Einordnung des Berufsverbots mußte schließlich das BVerfG zu der These verleiten, es besitze von Verfassungs wegen ein Monopol für dessen Verhängung, sofern es aus Gründen staatsfeindlicher Aktivität angeordnet werde. Richtig ist allerdings, daß Art. 18 GG den Ausspruch der Grundrechtsverwirkung ausschließlich in die Hände des BVerfG gelegt und ihn damit monopolisiert hat[8]. Die weitergehenden und tiefer eingreifenden Maßnahmen, die allein dem Institut der Verwirkung zu größerer Schlagkraft zu verhelfen vermögen, beruhen aber auf einfachem Gesetzesrecht und können daher vom Gesetzgeber jederzeit aufgehoben, gemildert oder verschärft werden. Insoweit wird das BVerfG nicht kraft grundgesetzlicher Ermächtigung, sondern infolge einer Verleihung seitens des einfachen Gesetzgebers tätig. Da das Entscheidungsmonopol nur den Ausspruch der Verwirkung selbst, nicht jedoch die darauf aufbauenden weiteren Folgen deckt, ist die Ansicht des BVerfG mit der von ihm entwickelten Begründung falsch. Es mußte aber zu ihr gelangen, weil es von einem unrichtigen Ausgangspunkt her den Begriff der Grundrechtsverwirkung so ausdehnte, daß er auch Rechtsfolgen umspannt, die lediglich an die Verwirkung anknüpfen, mit ihr indes nicht gleichgesetzt werden dürfen. Die Begründung des BVerfG ist somit ungeeignet, die behauptete Sperrwirkung zu rechtfertigen.

§ 16: Die Sperrwirkung des Art. 18 GG

Im Ergebnis ist die Nordrhein-Westfalen-Entscheidung jedoch zu billigen, denn dem Institut der Grundrechtsverwirkung kommt in der Tat eine bestimmte Sperrwirkung zu. Diese bedarf allerdings einer anderen Begründung, als sie das BVerfG gegeben hat.

I. Das Verhältnis der Verwirkungsvorschriften zu § 4 des nordrhein-westfälischen Pressegesetzes

Art 18 GG, § 39 I BVerfGG und § 4 nrw Pressegesetz knüpfen an den gleichen Tatbestand der Bekämpfung der freiheitlichen demokratischen Grundordnung an. Der Tatbestand des § 4 ist zwar wesentlich enger, weil er nur die presseberufliche Tätigkeit nennt, während Art. 18 S. 1 GG eine Reihe von Grundrechten aufführt, deren mißbräuchliche

---

[8] Ipsen, Grundrechte II S. 132 Anm. 68; Löffler, NJW 1960, 30 sub I 5; Reißmüller, JZ 1960, 530; Füchtenbusch, S. 99; Gallwas, S. 146, 195 ff.; Hamann, NJW 1962, 1848 f.; Hönsch, S. 101 ff.; Willms, Staatsschutz S. 24; Copić, JZ 1963, 498; Friesenhahn, Verfassungsgerichtsbarkeit S. 97; Scheuner, BayVBl 1963, 67; Maunz-Dürig, Art. 18 Rdnr. 14, 64.

Ausübung er mit einer Rechtsfolge versieht. Die entscheidende Gemeinsamkeit beider Normen liegt aber darin, daß sie dasselbe Rechtsgut, die freiheitliche demokratische Grundordnung, als Angriffsziel des verbotenen tatbestandlichen Verhaltens aufweisen. Insoweit besteht eine völlige Tatbestandskongruenz. Lediglich unter den mannigfachen Kampfhandlungen wählt § 4 eine bestimmte aus, nämlich diejenige, die mit den Mitteln der Presse verwirklicht wird.

Größere Verschiedenheiten zeigen sich bei den Rechtsfolgen. Art. 18 GG, § 39 I 1 BVerfGG knüpfen an den Grundrechtsmißbrauch den bundesverfassungsgerichtlichen Verwirkungsausspruch, dem auf Grund des § 39 I 3 BVerfGG genau bezeichnete Beschränkungen des (verwirkten) Grundrechts — etwa in Form eines presserechtlichen Berufsverbots — hinzugefügt werden können. Dagegen sieht § 4 als Rechtsfolge nur die Untersagung der (Presse-)Berufsausübung vor. Auch auf der Rechtsfolgenseite ist seine Fassung also enger. § 4 nrw Pressegesetz ist demnach gegenüber den Grundrechtsverwirkungsvorschriften das speziellere Gesetz.

II. Das Entscheidungsmonopol des Bundesverfassungsgerichts

1. Inhalt und Begründung des Entscheidungsmonopols

Jedoch muß die Auslegungsregel „lex specialis derogat legi generali" dem Satz „lex superior derogat legi inferiori" weichen. Denn § 4 nrw PresseberufsausübungsG verletzt das bereits erwähnte[1] vom Grundgesetz errichtete Entscheidungsmonopol des BVerfG und ist deshalb nichtig. Dieses Monopol sichert dem BVerfG von Verfassungs wegen die alleinige Befugnis, im Wege des Verwirkungsausspruchs jemandem die in Art. 18 S. 1 GG genannten Grundrechte abzuerkennen. Die neuartige Staatsschutzbestimmung des Art. 18 GG hat die Grundrechtsaberkennung dem höchsten[2] deutschen Gericht anvertraut und damit vorbehalten. Zweck dieser Monopolisierung ist, zu verhindern, daß die Grundrechtsverwirkung leichtfertig verhängt wird und dadurch dem Mißbrauch des Verfassungsfeinds ein Mißbrauch der sich gegen ihn wehrenden Staatsgewalt entgegengesetzt wird[3]. Da die Väter des Grundgesetzes sich ein falsches Bild von der Wirksamkeit des Grund-

---

[1] Vgl. oben § 15.
[2] BVerfGE 6, 300 (304).
[3] Vgl. von Doemming-Füßlein-Matz, JöR NF 1 (1951), 174; BVerfGE 10, 118 (123); BGHZ 12, 197 (201); Wernicke BK, Art. 18 Erl. II 2 b β; Löffler, Presserecht § 1 RPG Rdnr. 92; NJW 1960, 29 sub 2; Gallwas, S. 142 f., 149, 195; Hamann, NJW 1962, 1848; Hönsch, S. 101 f.; Maunz-Dürig, Art. 18 Rdnr. 64; Willms, NJW 1964, 225.

rechtsentzuges machten und ihn für eine scharfe Waffe hielten, wollten sie, daß ausschließlich das BVerfG zur Entscheidung darüber berufen sein sollte. Wenn demnach der einfache Gesetzgeber ein anderes Staatsorgan als das BVerfG zum Ausspruch der Grundrechtsverwirkung ermächtigt, beeinträchtigt er dadurch dessen Alleinzuständigkeit. Eine solche Verletzung des Entscheidungsmonopols führt die Nichtigkeit der in den Ausschließlichkeitsbereich des BVerfG eindringenden Norm herbei[4], denn die höherrangige Vorschrift des Art. 18 GG bricht die ihr im Range nachstehende Bestimmung. Aus der Alleinzuständigkeit des BVerfG folgt das an den einfachen Gesetzgeber gerichtete Verbot, Normen zu schaffen, die das BVerfG ausschalten und dadurch Art. 18 GG umgehen. Dieses Verbot wird hier als Sperrwirkung bezeichnet.

2. Der Umfang der Sperrwirkung

Welche Rechtssätze von der Sperrwirkung verdrängt werden, bemißt sich nach dem Umfang dieses Exklusionsprinzips.

A. Verwirkung und verwirkungsgleicher Eingriff

Auf jeden Fall beseitigt es solche Vorschriften, die ein anderes Gericht als das BVerfG oder eine Verwaltungsbehörde zum Ausspruch der Grundrechtsverwirkung berechtigen[5]. Da die Aberkennung von Grundrechten indes ein Spezifikum des Verfassungsrechts ist und es im geltenden Recht kaum eine Bestimmung gibt, die ebenfalls eine Grundrechtsverwirkung vorsieht[6] und damit ein Gericht oder eine Verwaltungsbehörde zum Konkurrenten des BVerfG macht, scheint das Anwendungsfeld der Sperrwirkung recht gering zu sein.

Wäre damit die „begrenzende Funktion"[7] des Art. 18 GG abschließend umschrieben, hätte es der Gesetzgeber in der Hand, unter Umgehung des BVerfG die Bekämpfung der freiheitlichen demokratischen Grundordnung mit den einschneidendsten Maßnahmen zu ahnden. Er müßte lediglich vermeiden, einen Grundrechtsverlust anzuordnen; im übrigen wäre ihm eine Vielzahl von Grundrechtseingriffen erlaubt. Die Sperrwirkung des Art. 18 GG muß deshalb weiterreichen, da andernfalls das Entscheidungsmonopol des BVerfG leicht ausgehöhlt und entleert werden könnte. Aus diesem Grunde hat das BVerfG[8] auch

---

[4] Maunz-Dürig Art. 18 Rdnr. 65, 93.
[5] Maunz-Dürig Art. 18 Rdnr. 65, 93.
[6] Lediglich der bereits oben § 5 II 1 B a aa) erwähnte Art. 146 hessVerf sieht einen derartigen Grundrechtsverlust vor. Seine Gültigkeit ist allerdings zweifelhaft. Vgl. dazu Reißmüller, JZ 1960, 530; Gallwas, S. 196; Hönsch, S. 110 ff.; Friesenhahn, Verfassungsgerichtsbarkeit S. 33.
[7] Hamann, NJW 1962, 1848.
[8] BVerfGE 10, 118 (Leitsatz, 122 f., 124); 13, 46 (51).

jene Rechtsfolgen für unzulässig erachtet, die einer Voll- oder Teilverwirkung „gleichkommen", „gleichstehen" oder „im Ergebnis" eine Aberkennung vornehmen[9]. Damit erweckt es den Anschein, als ob es neben den mit der Verwirkung — praktisch — identischen Eingriffen solche gebe, die noch nicht die Intensität der Grundrechtsverwirkung erreichten und deshalb keine Beeinträchtigung seines Entscheidungsmonopols darstellten. Jedoch ist das Kriterium des BVerfG ganz ungeeignet, den Umfang der Sperrwirkung abzustecken, weil es derartige der Verwirkung gleichkommende Rechtsnachteile nicht gibt. Die Verwirkung führt zwar den Verlust von Grundrechten herbei, nimmt dem von ihr Belasteten aber nicht die Möglichkeit, wie jeder andere Bürger — allerdings nunmehr ohne grundrechtlichen Schutz — alle Handlungen vorzunehmen, die die Gesetze nicht verbieten[10]. Lediglich reflexweise wird der Verfassungsfeind der Möglichkeit beraubt, sich gerichtlich gegen „Eingriffe" in die verwirkten Grundrechte zu wehren[11]. Dagegen begnügen sich die übrigen vom Staat angeordneten Grundrechtseingriffe nicht mit der schwachen Wirkung der Grundrechtslosigkeit. Sie belassen dem Betroffenen zwar seine Grundrechte, schränken sie aber durch Auferlegung mehr oder minder weitgehender Handlungs-, Duldungs- und Unterlassungspflichten wesentlich ein. Die stärksten Staatseingriffe, wie z. B. Verhaftung, Freiheitsstrafe, Maßregeln der Sicherung und Besserung, Unterbringung wegen Geisteskrankheit, Krankenhauseinweisung wegen Geschlechts- und anderer Seuchenkrankheiten, Einweisung in eine Erziehungsanstalt, Einberufung zum Wehrdienst, Enteignung und Sozialisierung, haben sogar zur Folge, daß gewisse Grundrechte kaum noch ausgeübt werden können. Selbst relativ schwache Eingriffe, durch die etwa Auskunfts- oder Zahlungspflichten begründet werden, bedeuten für den Verpflichteten häufig überaus schwere Opfer. Demgemäß sind nahezu alle Belastungen von hoher Hand im Vergleich zur Grundrechtsverwirkung intensivere Eingriffe. Sie kommen daher der Verwirkung nicht (nur) gleich, sondern übertreffen sie — oft sogar erheblich — an Stärke[12].

Eine Gleichstellung, wie sie das BVerfG vornimmt, ist somit mangels vergleichbarer Tatbestände unzulässig. Aber selbst wenn Grundrechtsverwirkung und (sonstige) Grundrechtseingriffe in eine Parallele gebracht werden könnten, wäre das Kriterium des „Gleichstehens" in-

---

[9] Vgl. auch Reißmüller, JZ 1960, 532; Gallwas, S. 197; Füchtenbusch, S. 102 f.; Copić, JZ 1963, 498; Maunz-Dürig Art. 18 Rdnr. 65, 93.
[10] Vgl. oben § 5 II 2.
[11] Vgl. oben § 5 III 1 C.
[12] Zum Verhältnis von Grundrechtsverwirkung und Strafe liegen bereits Äußerungen des BVerfG vor. Während es in E 10, 118 (123) die Verwirkung als schwere Sanktion bezeichnet, sieht es in E 6, 389 (433) einen strafgesetzlichen Eingriff als schärfste Sanktion an, über die die staatliche Gemeinschaft verfüge.

haltslos, da ihm fast jeder Eingriff unterfiele. Es ist deshalb durch die Formel zu ersetzen, daß vor dem Verwirkungsausspruch des BVerfG kein anderes Staatsorgan befugt ist, mit Grundrechtseingriffen auf die Bekämpfung der freiheitlichen demokratischen Grundordnung zu antworten[13]. Ihre Begründung findet sie darin, daß, wenn schon die Herbeiführung der — abgesehen von der Rechtsschutzeinbuße[14] ziemlich harmlosen — Grundrechtslosigkeit dem BVerfG vorbehalten ist, niemand anders ohne vorherige Einschaltung des BVerfG zur Verhängung schwererwiegender Rechtsnachteile ermächtigt sein kann.

B. Begrenzung der Sperrwirkung auf präventive Normen?

Unerheblich für das Eingreifen der Sperrwirkung ist, welche Motive der einfache Gesetzgeber mit seinen das Entscheidungsmonopol des BVerfG verletzenden Normen verfolgt. Häufig wird allerdings die Meinung vertreten[15], nur solche Vorschriften verstießen gegen Art. 18 GG, die gleichfalls der präventiven Verhütung weiterer Verfassungsaggressionen dienten; dagegen würden repressive Strafsanktionen gegen Feinde der freiheitlichen demokratischen Grundordnung nicht von der Sperrwirkung ausgeschlossen. Dieser Ansicht stehen jedoch erhebliche Bedenken entgegen: Einmal ist der Zweck des verfassungsrechtlichen Verwirkungsverfahrens nicht so eindeutig, daß er als Abgrenzungsmerkmal für die Sperrwirkung geeignet wäre. Zwar wurde hier ausgeführt[16], die Grundrechtsverwirkung sei keine Strafe, sondern vorbeugender Staatsschutz. Indes wird sie gelegentlich auch als „strafähnliche Maßnahme" oder gar als „Sonderstrafe" bezeichnet[17]. Aber selbst wenn Art. 18 GG ohne jeden Zweifel eine Norm des präventiven Verfassungsschutzes wäre, schlösse er nicht nur solche Grundrechtseingriffe aus, die denselben Zweck verfolgten. Denn, würden lediglich Vorschriften mit identischem Zweck verdrängt, wäre der Umgehung des Entscheidungsmonopols Tür und Tor geöffnet. Besonders deutlich wird diese Gefahr bei § 42 1 StGB. Als reine Sicherungsmaßnahme dient er ebenso wie — nach der hier vertretenen Ansicht — Art. 18 GG der Prävention[18] und wäre nach der Theorie der „Zweckidentität" ein Einbruch in die ausschließliche Zuständigkeit des BVerfG, soweit er wegen Bekämpfung der freiheitlichen demokratischen Grundordnung angewandt wird. Das straf-

---

[13] Über zwei Annahmen s. unten § 16 II 2 D a, § 17 III 3.
[14] Vgl. oben § 5 III 1 C.
[15] Reißmüller, JZ 1960, 532 f.; Gallwas, S. 198; Hönsch, S. 122; Maunz-Dürig Art. 18 Rdnr. 91 sub bb), 92 sub c) a. E.; wohl auch Stree, Deliktsfolgen und Grundgesetz S. 225 Anm. 30. Kritisch Willms, NJW 1964, 228.
[16] Vgl. oben § 11.
[17] Vgl. die oben § 11 Anm. 2 Zitierten.
[18] Vgl. oben § 11.

rechtliche Berufsverbot ist aber nicht kraft der Natur der Sache eine Maßregel der Sicherung. Es wäre durchaus denkbar, § 42 1 StGB als Nebenstrafe zur Ahndung begangenen Unrechts zu normieren. Der Gesetzgeber hätte es somit in der Hand, durch entsprechende Zwecksetzung seine Bestimmungen vor einem Verstoß gegen Art. 18 GG zu bewahren. Diese Austauschbarkeit der Zwecke zeigt, daß die gesetzgeberischen Motive für die Frage der Vereinbarkeit mit Art. 18 GG nicht entscheidend sein können. Damit derartigen legislativen Manipulationen der Boden entzogen wird, muß es für die Sperrwirkung vielmehr allein auf den „den Grundrechtsstatus mindernden Effekt"[19] ankommen. Jeder Grundrechtseingriff, der wegen Bekämpfung der freiheitlichen demokratischen Grundordnung vorgenommen wird, ohne daß zuvor das BVerfG die Verwirkung ausgesprochen hat, stellt deshalb eine Verletzung seines Entscheidungsmonopols dar[20], gleichgültig, ob einfache Gesetze demselben Zweck wie Art. 18 GG dienen oder einem anderen. Dabei ist zu beachten, daß, wie oben schon dargelegt wurde[21], das Kampfverbot des Art. 18 GG auch Angriffe auf den Bestand der Bundesrepublik Deutschland untersagt[22]. Demnach werden von der Sperrwirkung ebenfalls solche Grundrechtseingriffe erfaßt, die als Reaktion auf eine Bestandbeeinträchtigung verhängt werden.

C. Begrenzung der Sperrwirkung durch die in Art. 18 S. 1 GG genannten Grundrechte

Zweifelhaft ist weiterhin, ob die Sperrwirkung alle dem bundesverfassungsgerichtlichen Verwirkungsausspruch vorgreifenden Grundrechtseingriffe, die wegen Bekämpfung der freiheitlichen demokratischen Grundordnung erfolgen, verbietet oder nur diejenigen, die sich gegen die in Art. 18 S. 1 GG genannten Grundrechte richten. Dieser Unterscheidung kommt eine erheblich Bedeutung zu: Wären nur die in Art. 18 S. 1 GG aufgeführten Grundrechte durch die Sperrwirkung geschützt, könnte der Gesetzgeber als Rechtsfolge bei verfassungswidrigen Betätigungen Grundrechtseingriffe anordnen, die z. B. das Recht der körperlichen Bewegungsfreiheit (Art. 2 II GG) oder der Unverletzlichkeit der Wohnung (Art. 13 GG) beeinträchtigen.

---

[19] Reißmüller, JZ 1960, 532.
[20] Im Ergebnis ähnlich Füchtenbusch, S. 102 ff.; wohl auch Ipsen, VVDStRL 10 (1952), 96 sub 7 in bezug auf Vorschriften, die das Eigentum beschränken. Für das Strafrecht vgl. Willms, JZ 1961, 396; Staatsschutz S. 24 f.; NJW 1964, 225; Hamann, NJW 1962, 1848 f.; Grundgesetz und Strafgesetzgebung S. 38; Schwenk, NJW 1962, 1323. Unklar Scheuner, BayVBl 1963, 67, wonach „Vorkehrungen der Länder auf dem gleichen Gebiete (nämlich der Grundrechtsverwirkung)... unzulässig und unwirksam" sind. S. auch Copić, JZ 1963, 497.
[21] Vgl. § 3 II 7.
[22] Falsch insoweit Copić, JZ 1963, 497.

Sicher ist zunächst lediglich, daß jedenfalls die in Art. 18 GG vorgesehene Grundrechtsverwirkung nur dann in Betracht kommt, wenn eines der dort aufgezählten Grundrechte zur Bekämpfung der verfassungsrechtlichen Grundordnung mißbraucht wird[23]. Ein Grundrechtsverwirkungsverfahren (allein) wegen mißbräuchlicher Ausübung der Glaubens- oder Berufsfreiheit wäre also unzulässig. Damit ist aber noch nichts über die Zulässigkeit sonstiger Eingriffe in diejenigen Grundrechte gesagt, deren verfassungsfeindlichen Mißbrauch Art. 18 S. 1 GG nicht erwähnt. Die Tatsache ihrer Nichtaufnahme in den Tatbestand könnte dafür sprechen, daß der Verfassungsgeber sie für so schutzbedürftig und -würdig hielt, daß er sie vor der Rechtsfolge der Verwirkung bewahren wollte. Es wäre dann gerechtfertigt, diese — in der Achtung der Väter des Grundgesetzes so hochstehenden — Grundrechte auch vor sonstigen Eingriffen zu schützen, die als Reaktion auf die Bekämpfung der freiheitlichen demokratischen Grundordnung eintreten könnten. Derartige Erwägungen wurden jedoch bei der Entstehung des Grundgesetzes nicht angestellt. Vielmehr ging man bei der Auswahl der in den Tatbestand des Art. 18 GG aufzunehmenden Grundrechte davon aus, inwieweit die Grundrechte für den Kampf gegen die freiheitliche demokratische Grundordnung ausgenützt werden könnten[24]. Der Grund für die Aufnahme bestimmter Grundrechte und den Ausschluß anderer lag also nicht in ihrer mehr oder minder großen Schutzwürdig- und -bedürftigkeit, sondern in ihrer Eignung zur Bekämpfung des in und von Art. 18 GG gesicherten Rechtsguts. Es wurde deshalb der Mißbrauch jener Grundrechte untersagt, von denen man annahm, daß sie als bevorzugte Hilfsmittel verfassungsfeindlicher Aktivität dienen würden[25, 26].

Ob die Sperrwirkung auf die übrigen Grundrechte auszudehnen ist, muß demnach davon abhängen, inwiefern auch bei Eingriffen in sie das Entscheidungsmonopol der BVerfG gefährdet ist. Würde die Sperrwirkung Belastungen von Grundrechten, die in Art. 18 S. 1 GG nicht erwähnt sind, zulassen, wäre das verfassungsgerichtliche Entscheidungs-

---

[23] Wernicke BK, Art. 18 Erl. II 1 f; Geiger, BVerfGG § 13 Erl. 6; Lechner, BVerfGG § 13 Ziff. 1 Erl. 2; von Mangoldt-Klein, Art. 18 Erl. III 1 vor a, 1 b; Pfeiffer, Die Verfassungsbeschwerde in der Praxis (1959) S. 158; Hamann, Art. 18 Erl. A 1, B 2; Gallwas, S. 195; Schmitz, S. 101; Hönsch, S. 58 ff., 102; Maunz, Deutsches Staatsrecht § 15 II 2; Stern, DVBl 1963, 701 Anm. 71. Vgl. auch Maunz-Dürig, Art. 18 Rdnr. 12, 21 ff., die diesen Grundsatz etwas modifizieren.
[24] von Doemming-Füßlein-Matz, JöR NF 1 (1951), 172.
[25] Wernicke BK, Art. 18 Erl. II 1 b; Kessler, S. 52; von Mangoldt-Klein, Art. 18 Erl. III 1 a; Schmitz, S. 60; Hönsch, S. 58 f.
[26] Daß diese Absicht teilweise mißlang, weil auch solche Grundrechte in den Tatbestand des Art. 18 S. 1 GG aufgenommen wurden, die nicht durch aktives Tun mißbraucht werden können, wurde bereits oben § 2 III 3 dargelegt.

monopol seines Wertes nahezu entkleidet. Der einfache Gesetzgeber wäre nämlich befugt, an die verfassungsfeindliche Mißbrauchshandlung Rechtsnachteile zu knüpfen, die für Grundrechte außerhalb des Art. 18 S. 1 GG eine Rechtsminderung mit sich bringen. Da es sich um eine erhebliche Anzahl wichtiger Grundrechte handelt[27], könnte der durch die Sperrwirkung am Zugriff auf sonstige Grundrechte gehinderte Gesetzgeber in diesem Grundrechtsfeld Entschädigung suchen und weiten Raum für seine Betätigung finden. Damit wäre aber das Entscheidungsmonopol des BVerfG teilweise entwertet. Um eine solche Aushöhlung des Verwirkungsinstituts zu vereiteln, muß angenommen werden, daß die Sperrwirkung *jeden*[27a] Grundrechtseingriff verbietet, der wegen Bekämpfung der freiheitlichen demokratischen Grundordnung vorgenommen wird, ohne daß zuvor das BVerfG gesprochen hat[27b].

D. *Sperrwirkung und Effektivität des Staatsschutzes*

a) Sperrwirkung und Polizei

Trotz des Entscheidungsmonopols des BVerfG und der damit verbundenen weitgehenden Sperrwirkung des Art. 18 GG ist der Staatsschutz in der Bundesrepublik nicht wirkungslos. Auf Grund der polizeilichen Generalklausel(n) ist die Polizei berechtigt, alle Maßnahmen zu ergreifen, die erforderlich sind, um eine konkrete gegen die freiheitliche und demokratische Grundordnung gerichtete Handlung zu unterdrücken[28]. Denn die nach Art 18 S. 1 GG tatbestandsmäßige Mißbrauchshandlung ist rechtswidrig[29] und schafft somit einen polizeiwidrigen Zustand. Da die Polizei den Verfassungsfeind nur in die Schranken des von ihm mißbrauchten und dabei überschrittenen Grundrechts zurückweist, nimmt sie keinen Grundrechtseingriff vor

---

[27] z. B. Art. 2 I, II, 4, 6, 7, 11, 12, 13 GG.
[27a] Auch Gallwas, S. 195, erstreckt — allerdings ohne Begründung — die Sperrwirkung auf alle Grundrechte der Art. 2 bis 17 GG.
[27b] BVerfGE 13, 46 (51) steht dem nicht entgegen. Das BVerfG hat dort die Ansicht vertreten, die Versagung von Entschädigungsansprüchen nach dem BEG wegen Bekämpfung der freiheitlichen demokratischen Grundordnung verstoße nicht gegen Art. 18 GG, weil Entschädigungsansprüche nicht zu den in dieser Vorschrift genannten Grundrechten gehörten. Daraus kann jedoch nicht der Schluß gezogen werden, daß das BVerfG die Sperrwirkung auf die in Art. 18 S. 1 GG genannten Grundrechte beschränken wollte, denn es handelte sich in dem von ihm entschiedenen Fall nicht um Grundrechtseingriffe, sondern lediglich um die Nichtgewährung von Vermögensvorteilen. Die Verweigerung von Vergünstigungen gegenüber Feinden der freiheitlichen demokratischen Grundordnung stößt aber auf weniger Bedenken als die Verhängung von Grundrechtseingriffen.
[28] BGHZ 12, 197 (200 ff.); Echterhölter, JZ 1953, 657; von Mangoldt-Klein, Art. 18 Erl. III 4 d; Reisnecker, S. 244 f.; Füchtenbusch, S. 100; Gallwas, S. 152 ff.; Hönsch S. 103 f.; a. A. Beyer, NJW 1954, 713; Löffler, DÖV 1957, 900.
[29] Vgl. oben § 5 II 1 B a dd); § 5 II 2.

und bricht nicht in den Monopolbereich des BVerfG ein. Allerdings wird eine derartige Schrankenverweisung zumeist mit Eingriffen in andere Grundrechte verbunden sein[30]: Hindert die Polizei einen hetzenden Agitator dadurch an der Fortsetzung seiner verfassungsfeindlichen Aktivität, daß sie ihn aus einer Versammlung entfernt, so weist sie ihn nicht nur in die Schranken seiner Versammlungs- und Meinungsfreiheit zurück, sondern greift zugleich in sein Grundrecht der körperlichen Bewegungsfreiheit ein. Dieser Eingriff wird ihr jedoch von Art. 18 GG nicht verwehrt, denn ihm kommt im Verhältnis zur Schrankenverweisung keine eigenständige Bedeutung zu. Er ist notwendig mit der Zurückdrängung des Mißbrauchenden in seine Grundrechtsschranken verbunden. Die Beeinträchtigung der Bewegungsfreiheit ist nicht Ziel der Polizei, sondern eine nicht zu umgehende Begleiterscheinung. Wegen ihrer Subsidiarität wird sie nicht von Art. 18 GG ausgeschlossen. Hinzu kommt, daß der Zweck der ausschließlichen Zuständigkeit des BVerfG einer solchen Grundrechtszurückdrängung nicht entgegensteht. Die Monopolisierung soll verhindern, daß jemand wegen Bekämpfung der freiheitlichen demokratischen Grundordnung grundrechtslos wird oder noch schwereren Eingriffen ausgesetzt wird, ohne daß das BVerfG zuvor gesprochen hat. Der Verfassungsfeind soll nicht von einem anderen Gericht oder einer Verwaltungsbehörde — formal oder der Wirkung nach — um seine Grundrechte gebracht werden. Eine derartige Gefahr besteht aber bei der Unterbindung einer bestimmten einzelnen Mißbrauchshandlung nicht. Die Polizei darf nur gegen diese konkrete Betätigung vorgehen und muß sich mit einer zeitlich kurz bemessenen Abwehrreaktion begnügen. In die Zukunft weisende präventive Maßnahmen gegen den Mißbrauchenden, die ihm Pflichten hinsichtlich seiner Grundrechtsausübung auferlegen und die ihn von künftigem Mißbrauch abhalten sollen, sind dagegen unzulässig.

b) Sperrwirkung und einfacher Gesetzgeber

Überdies hat der einfache Gesetzgeber die Möglichkeit, unter Wahrung des bundesverfassungsgerichtlichen Entscheidungsmonopols den Staatsschutz zu effektivieren. Wie dargelegt wurde[31], bedeutet die — bloße — Grundrechtsverwirkung im wesentlichen den Verlust des Schutzes vor dem Gesetzgeber. Er kann daher Rechtsfolgen setzen, die an die Verwirkungsentscheidung des BVerfG anknüpfen und die Verwaltung zu Eingriffen ermächtigen, die ihr das Polizeirecht nicht gestattet. In § 39 I 3 BVerfGG hat er von dieser Befugnis schon Gebrauch gemacht, indem er das BVerfG zur Ausgestaltung der Verwirkungsfolgen berufen hat.

---

[30] Vgl. Lerche, Übermaß S. 117 ff., 134 ff.; a. A. wohl Gallwas, S. 118.
[31] Vgl. § 5 III 1 C.

3. Präzisierung der Sperrwirkung

Im Ergebnis ist dem BVerfG somit durchaus zuzustimmen, wenn auch seine Annahme[32], das Entscheidungsmonopol beruhe auf der Schwere der Verwirkungsfolge, nicht zutreffend ist. Da weit belastendere Eingriffe[33] anderen Staatsorganen anvertraut sind, ohne daß ihre Zulässigkeit deswegen zweifelhaft ist, liegt der Sinn der ausschließlichen Zuständigkeit des BVerfG nicht so sehr in der — vermeintlichen — Schärfe der angedrohten Sanktion, sondern vornehmlich in der vom Tatbestand umschriebenen Handlung der Verfassungsbekämpfung. Die zahlreichen in Art. 18 S. 1 GG enthaltenen unbestimmten Rechtsbegriffe und der dem Bereich des Politischen angehörende Deliktstatbestand[34] deuten darauf hin, daß der eigentliche Grund für die Zuweisung des Grundrechtsverwirkungsverfahrens an das BVerfG nicht auf der Rechtsfolgen-, sondern eher auf der Tatbestandsseite zu suchen ist.

Auch besitzt das BVerfG entgegen seiner Ansicht[35] keine ausschließliche Zuständigkeit für Grundrechtseingriffe, die einer Verwirkung gleichkommen, und auch sonst kein Sanktionsmonopol, wohl aber ein Monopol für die Feststellung der Grundrechtsverwirkung. Seine Konkurrenzthese hätte es daher etwa folgendermaßen formulieren müssen: Art. 18 GG steht solchen Vorschriften entgegen, die für den in ihm umschriebenen Tatbestand Grundrechtseingriffe unter Ausschaltung bzw. ohne vorherige Einschaltung des BVerfG vorsehen, die sich nicht auf die Abwehr konkreter Mißbrauchshandlungen beschränken.

4. Die Ansicht Willms'

Eine von der hier vertretenen gänzlich abweichende — m. E. jedoch unzutreffende — Begründung für die Sperrwirkung des Art. 18 GG hat Willms[36] gegeben. Er geht dabei von der Rechtsprechung des BVerfG zum Parteienprivileg des Art. 21 II GG aus, die folgende Grundsätze entwickelt hat: Vor der Entscheidung des BVerfG über die Verfassungswidrigkeit einer Partei könne niemand deren Verfassungswidrigkeit rechtlich geltend machen[37]. Eine Partei dürfe daher bis zu diesem Zeitpunkt in ihrer politischen Tätigkeit nicht behindert werden[38]. Das in erster Linie die Parteiorganisaton schützende Privileg

---

[32] BVerfGE 10, 118 (123).
[33] Vgl. die Beispiele oben § 16 II 2 A.
[34] Vgl. Maunz-Dürig, Art. 18 Rdnr. 59. Friesenhahn, Verfassungsgerichtsbarkeit S. 28, weist mit Recht darauf hin, daß vor allem Grundrechte mit politischem Einschlag verwirkt werden können.
[35] BVerfGE 10, 118 (122 f., 124); 13, 46 (51).
[36] JZ 1961, 396; Staatsschutz S. 22 ff.; NJW 1964, 225.
[37] BVerfGE 12, 296 (304); 13, 46 (52); 13, 123 (126).
[38] BVerfGE 5, 85 (140); 12, 296 (305); 13, 123 (126); BVerfG, NJW 1964, 540 sub II 1.

des Art. 21 II GG[39] erstrecke sich auch auf die mit allgemein erlaubten Mitteln arbeitende parteioffizielle Tätigkeit der Funktionäre und Anhänger einer Partei[40]. Diese halten sich nach Ansicht des BVerfG, „wenn sie die Ziele ihrer Partei propagieren und fördern, im Rahmen einer verfassungsmäßig verbürgten Toleranz"[41]. Sie dürften nach Art. 21 GG bis zum Spruch des BVerfG an der Bildung des politischen Willens des Volkes mitwirken[42]. Wenn ihre Tätigkeit darauf beschränkt sei, sich für die Verwirklichung der Ziele der Partei mit allgemein erlaubten Mitteln einzusetzen, so seien sie durch das Parteienprivileg auch dann geschützt, wenn ihre Partei durch eine spätere Entscheidung des BVerfG für verfassungswidrig erklärt werde[43]. Die ihnen von der Verfassung eingeräumte Befugnis mache ihr Handeln rechtmäßig, denn die Rechtsordnung könne nicht „ohne Verstoß gegen den Grundsatz der Rechtsstaatlichkeit die zunächst eingeräumte Freiheit, eine Partei zu gründen und für sie im Verfassungsleben zu wirken, nachträglich als rechtswidrig behandeln"[44]. Deshalb seien Gesetze verfassungswidrig, die ein derartiges Verhalten als strafbares Unrecht verfolgten[45]. Unter Anwendung dieser Grundsätze hat das BVerfG § 90a StGB teilweise für verfassungswidrig erklärt[46] und § 129 StGB restriktiv dahingehend ausgelegt, daß er nicht für Parteien gelte[47].

Willms[48] übernimmt im wesentlichen die vom BVerfG entwickelten Prinzipien und legt sie auch bei der Interpretation des Art. 18 GG zugrunde[49]. Danach könne vor dem Verwirkungsausspruch des BVerfG „der Angriff des einzelnen gegen die freiheitliche demokratische Grundordnung für sich allein genommen so wenig strafbegründendes Unrechtselement eines strafrechtlichen Tatbestandes wie Gegenstand administrativer Schmälerung von Grundrechten sein". Die verfassungsfeindliche Aktion des einzelnen sei, solange sie gewaltlos bliebe, für sich betrachtet dem strafrechtlichen Zugriff nur auf dem Wege über einen vorangehenden Spruch des BVerfG ausgesetzt, wie dies bei verfassungsfeindlichen Aktionen einer Partei der Fall sei. Art. 18 GG

---

[39] BVerfGE 9, 162 (165); 12, 296 (305); 13, 46 (52); BVerfG, NJW 1964, 540 sub II 1.
[40] BVerfGE 12, 296 (305); 13, 46 (52); BVerfG, NJW 1964, 540 sub II 1.
[41] BVerfGE 12, 296 (306).
[42] BVerfGE 12, 296 (306).
[43] BVerfGE 12, 296 (306 f.).
[44] BVerfGE, 12, 296 (307); 13, 46 (52); 13, 123 (126).
[45] BVerfGE 12, 296 (305); 13, 123 (126); BVerfG, NJW 1964, 540 sub II 1.
[46] BVerfGE 12, 296.
[47] BVerfG, NJW 1964, 539.
[48] NJW 1964, 225 (227 f.); Ansätze schon in JZ 1961, 396; Staatsschutz S. 22 ff.
[49] Ähnliche Erwägungen auch bei Hamann, Grundgesetz und Strafgesetzgebung S. 38.

§ 16: Die Sperrwirkung des Art. 18 GG

hindere demgemäß etwa die Anwendung des § 93 StGB auf politische Streitschriften des Einzelgängers[50].

Diese Begründung für die von Art. 18 GG entfaltete Sperrwirkung vermag jedoch nicht zu überzeugen; denn die Rechtsprechung des BVerfG zum Parteienprivileg ist nicht unbedenklich und wird überdies von Willms auf eine Norm übertragen, die sich beträchtlich von Art. 21 GG unterscheidet. Die Ursache für die Verfassungswidrigkeit — insbesondere — strafrechtlicher Vorschriften wegen Verstoßes gegen Art. 21 II GG sieht das BVerfG darin, daß der im Verband einer Partei kämpfende Verfassungsfeind bis zu deren bundesverfassungsgerichtlichem Verbot rechtmäßig handle und sein Verhalten auch durch diese Entscheidung nicht rückwirkend rechtswidrig werde. Angesichts des klaren Wortlauts des Art. 21 II GG, wonach eine Partei, die darauf ausgeht, die freiheitliche demokratische Grundordnung zu bekämpfen, „verfassungswidrig" ist, erscheint die Ansicht befremdlich, das Handeln ihrer Parteigänger sei rechtmäßig. Denn welches Unwerturteil könnte wohl stärker sein, als das vom Verfassungsgeber in Art. 21 II GG gefällte? Noch weiter als bis zur Verfassungswidrigkeit läßt sich die Rechtswidrigkeit nicht steigern.

Überdies führt die Ansicht des BVerfG zu dem eigenartigen Ergebnis, daß eine Partei als verfassungswidrig verboten werden kann, obwohl ihre Anhänger „im Rahmen einer verfassungsmäßig verbürgten Toleranz"[51] legal gehandelt haben. Damit würde eine Partei trotz (und wegen) rechtmäßiger Betätigung ihrer Glieder auf dem Altar des Staatsschutzes geopfert werden. Das BVerfG hat also dem Parteienprivileg eine Ausdehnung gegeben, die von der Verfassung nicht gedeckt ist. So richtig es ist, daß Art. 21 II GG das Verbot enthält, die Verfassungswidrigkeit einer Partei vor dem Spruch des BVerfG geltend zu machen, so bedenklich ist es, das Wirken für eine Partei zu einem pauschalen Rechtfertigungsgrund zu erheben. Auch Willms[52] kritisiert insoweit die Begründung des BVerfG, hält sich aber trotzdem an sie gebunden, weil sie als geltendes Verfassungsrecht zu respektieren sei.

Aber selbst wenn die These des BVerfG vom rechtmäßig handelnden Verfassungsfeind zuträfe, wäre sie — entgegen der Ansicht Willms' — nicht geeignet, als Analogon zu Art. 18 GG zu dienen. Denn jedenfalls der Täter des Art. 18 GG, der unter Verwendung bestimmter Grundrechte die freiheitliche demokratische Grundordnung bekämpft, handelt nicht bis zum Verwirkungsausspruch des BVerfG rechtmäßig. Vielmehr ist seine verfassungsfeindliche Betätigung, wie bereits dargelegt

---
[50] NJW 1964, 227.
[51] BVerfGE 12, 296 (306).
[52] Staatsschutz S. 22, 41 f.

wurde[53], rechtswidrig, gleichgültig, ob sie vor oder nach der Verwirkungsentscheidung erfolgt. Der Gesetzgeber verstößt also nicht schon deswegen gegen Art. 18 GG, wenn und weil er die dort umschriebene Handlung für rechtswidrig erklärt.

§ 17: Die Sperrwirkung des Art. 18 GG auf das Strafrecht

I. Die Entwicklung des Problems

Die Sperrwirkung des Art. 18 GG kann sich auf allen Rechtsgebieten entfalten. Ihr hauptsächliches Anwendungsfeld ist jedoch das politische Strafrecht[1], neben Art. 21 II GG das wichtigste Machtmittel des Staates, sich vor seinen Feinden zu schützen. Vornehmlich für diesen Bereich wird daher auch seit einiger Zeit Wesen und Umfang der Sperrwirkung erörtert. Anlaß dazu gab die bereits mehrfach behandelte[2] Nordrhein-Westfalen-Entscheidung des BVerfG[3], die § 4 des nrw PresseberufsausübungsG für nichtig erklärte und damit zugleich den Blick auf das strafrechtliche Berufsverbot des § 42 1 StGB lenkte[4]. Angeregt wurde sodann die Diskussion[5] durch ein Urteil des 3. Strafsenats des BGH vom 19. 1. 1962[6], das die Untersagung der Berufsausübung gegenüber Presseangehörigen als mit Art. 18 GG vereinbar ansah. Auf dieser Grundlage ist zu untersuchen, welche Bedeutung der Sperrwirkung im Strafrecht zukommt.

II. Die Beschränkung der Sperrwirkung auf Teile des politischen Strafrechts

Im nicht-politischen Strafrecht spielt die Sperrwirkung keine Rolle; denn sie verbietet lediglich Grundrechtseingriffe, die unter Ausschaltung des BVerfG als Reaktion auf die Bekämpfung der freiheitlichen

---

[53] Vgl. § 3 I 1, § 5 II 1 B a dd), § 5 II 2.
[1] Vgl. Maunz-Dürig, Art. 18 Rdnr. 14, 88 ff.
[2] Vgl. § 5 III 2, § 14 I, § 15.
[3] BVerfGE 10, 118.
[4] Vgl. Löffler, NJW 1960, 30; Reißmüller, JZ 1960, S. 29; Stree, Deliktsfolgen und Grundgesetz S. 225; Gallwas, S. 195 ff.; Willms, DRiZ 1961, 9; Staatsschutz S. 24 f.; Hamann, NJW 1962, 1848; Rehbinder, NJW 1962, 2140 f.; Dagtoglou, Pressefreiheit S. 14 ff.
[5] Vgl. Jagusch, LM Nr. 3 zu § 42 1 StGB; Hönsch, S. 126 f.; Schwenk, NJW 1962, 1323; Copić, JZ 1963, 494; Schönke-Schröder, § 42 1 Erl. I; Hamann, Grundgesetz und Strafgesetzgebung S. 38; Maunz-Dürig, Art. 18 Rdnr. 88 ff.; Willms, NJW 1964, 225. S. auch Dagtoglous Bericht über die letzte Staatsrechtslehrertagung DVBl 1964, 20 (Leitsatz III 5 des Referats von Schnur), 21.
[6] BGHSt 17, 38.

demokratischen Grundordnung verhängt werden[7]. Tatbestände zum Schutz dieses Rechtsguts können sich kraft Natur der Sache aber lediglich unter den Normen des politischen Strafrechts finden. Jedoch sind selbst in diesem Bereich bei weitem nicht alle Vorschriften in der Lage, mit Art. 18 GG zu konkurrieren und zu kollidieren. Die meisten scheiden vielmehr schon deshalb aus dem Verdrängungsgebiet der Grundrechtsverwirkung aus, weil ihre tatbestandliche Handlung nicht mit der des Art. 18 S. 1 GG identisch ist. Zwar handelt es sich bei ihnen als politischen Straftaten ausschließlich um Delikte, die gegen den Staat und seine Ordnung gerichtet sind. Indes besteht, wie bereits dargelegt wurde[8], nur bei einigen die verbrecherische Handlung darin, daß die freiheitliche demokratische Grundordnung bekämpft wird.

Begeht demnach ein Presseangehöriger mit den Mitteln der Presse Straftaten, deren Kampfziel nicht die freiheitliche demokratische Grundordnung ist, kann gegen ihn sowohl eine Strafe als auch ein Berufsverbot nach § 42 l StGB verhängt werden, da das Entscheidungsmonopol des BVerfG nicht beeinträchtigt wird[9]. Unrichtig ist daher die Meinung Löfflers[10], wonach ein strafrechtliches Berufsverbot gegen in der Presse tätige Personen nur dort zulässig sein soll, „wo ausschließlich Gründe strafrechtlicher Art entscheidend sind, die mit der publizistischen Haltung des Betroffenen nichts zu tun haben". Abgesehen davon, daß dann trotz der entgegengesetzten Behauptung Löfflers für ein Presseberufsverbot überhaupt kein Raum mehr bliebe, weil § 42 l StGB ausdrücklich auf die berufliche Haltung abstellt, geht diese Ansicht viel zu weit, da sie die Sperrwirkung über den Kampftatbestand des Art. 18 S. 1 GG hinaus ausdehnt[11]. Es liegt selbst dann keine Verletzung des Entscheidungsmonopols des BVerfG vor, wenn eine Bestrafung oder ein Berufsverbot wegen einer Straftat ergeht, deren Tatbestand weder die freiheitliche demokratische Grundordnung noch einen ihrer Bestandteile enthält, der Täter aber im konkreten Fall zugleich mit der Begehung des Delikts gegen das Schutzgut des Art. 18 S. 1 GG ankämpft[12]. Denn hier stellt sich die Sanktion nicht als Reaktion auf den Kampf gegen die Grundordnung dar, sondern sie wird verhängt, weil das Verhalten bereits unabhängig von der verfassungs-

---

[7] Vgl. § 16 II 2 A.
[8] Vgl. § 13 I.
[9] BGHSt 17, 38 (39); Jagusch, LM Nr. 3 zu § 42 l StGB; Reißmüller, JZ 1960, 531; Stree, Deliktsfolgen und Grundgesetz S. 225 Anm. 30; Hönsch, S. 127; Maunz-Dürig, Art. 18 Rdnr. 96. Auch Copić, JZ 1963, 494, 496 verneint einen Verstoß gegen Art. 18 GG. Vgl. ferner Hamann, Grundgesetz und Strafgesetzgebung S. 38; Willms, NJW 1964, 227 f.
[10] NJW 1960, 30 sub 5; ähnlich auch ArchPR 1959, 80; 1961, 174.
[11] Treffend die Kritik Reißmüllers, JZ 1960, 531 sub 3.
[12] Vgl. dazu bereits oben § 13 I.

feindlichen Willensrichtung des Handelnden strafbar ist. Die besondere Angriffstendenz ist für die Verwirklichung des Straftatbestandes nicht konstitutiv; sie ist vielmehr lediglich ein zusätzlicher Begleitumstand[12a].

III. Die Sperrwirkung im politischen Strafrecht

1. Die von der Sperrwirkung betroffenen (Presse-)Vorschriften

Dagegen erscheint bei denjenigen Strafvorschriften, die die Bekämpfung der freiheitlichen demokratischen Grundordnung unter Strafe stellen, eine Verletzung des bundesverfassungsgerichtlichen Entscheidungsmonopols durchaus möglich. Strafbestimmungen mit dem gleichen Tatbestand wie Art. 18 S. 1 GG gibt es allerdings nicht. Jedoch enthält das StGB, wie bereits ausgeführt[13], eine Anzahl von Vorschriften, die eine partielle Identität mit dem grundrechtlichen Kampftatbestand aufweisen. Diese dienen nicht dem Schutze der freiheitlichen demokratischen Grundordnung insgesamt, sondern einzelner ihrer Bestandteile. Es handelt sich um jene Normen des Abschnitts „Staatsgefährdung", die sich gegen Angriffe gegen den Bestand[14] der Bundesrepublik (§ 88 I StGB)[15] und auf bestimmte in § 88 II StGB genannte Verfassungsgrundsätze[16] wenden. Zwar benutzt § 88 II StGB weder den Begriff der freiheitlichen demokratischen Grundordnung, noch umschreibt er ihn mit einer sachlich identischen Formulierung. Er folgt vielmehr dem Prinzip der Enumeration, indem er eine Anzahl besonders bedeutsamer Verfassungsprinzipien aufzählt. Da sie fast alle Bestandteile der freiheitlichen demokratischen Grundordnung sind[17], kommt den Delikten, die die Verfassungsgrundsätze des § 88 II StGB pauschal in ihren Tatbestand übernommen haben, grundsätzlich die Eignung zu, von der Sperrwirkung verdrängt zu werden.

Weiterhin gerät der Strafgesetzgeber auch dann in den Kollisionsbereich des Art. 18 GG, wenn er eine zwar äußerlich abweichende Tatbestandsformulierung wählt, sachlich aber den Kampf gegen die freiheitliche demokratische Grundordnung pönalisiert. Die Umschreibung

---

[12a] Zu § 94 StGB, der die verfassungsverräterische Absicht als Anknüpfungspunkt für eine Strafschärfung verwendet, vgl. unten § 17 III.
[13] Vgl. § 13 I.
[14] Angriffe gegen den Bestand der Bundesrepublik richten sich zugleich gegen die freiheitliche demokratische Grundordnung. Vgl. oben § 3 II 7.
[15] §§ 80 I Nr. 2, 81 I, 84 Nr. 1, 91, 92, 93, 94, 95 III, 96 III, 96 a III, 97 StGB. Auch § 100 d StGB gehört hierher, obwohl er seine systematische Stellung im Abschnitt „Landesverrat" gefunden hat.
[16] §§ 91, 92, 93, 94, 95 III, 96 III, 96 a III, 97 StGB. Für § 100 d II, III StGB gilt das in Anm. 15 Gesagte entsprechend.
[17] Vgl. oben § 3 II 5.

§ 17: Die Sperrwirkung des Art. 18 GG auf das Strafrecht

dieses Kampfobjekts durch einen anderen Begriff vermag die Sperrwirkung nicht auszuschließen. Es handelt sich dabei um diejenigen Vorschriften, deren Schutzgut die „verfassungsmäßige Ordnung" ist[18]. Denn die verfassungsmäßige Ordnung im Sinne des StGB entspricht der freiheitlichen demokratischen Grundordnung des Grundgesetzes[19].

2. Nichtigkeit dieser Vorschriften?

Würde man die hier vertretene Konkurrenzthese[20], wonach Grundrechtseingriffe wegen Bekämpfung der freiheitlichen demokratischen Grundordnung vor dem Spruch des BVerfG prinzipiell unzulässig sind, schematisch auf die eben behandelten Straftatbestände anwenden, käme man zu folgendem Ergebnis: Alle diese Vorschriften wären, insoweit sie das Rechtsgut des Art. 18 GG vor Angriffen der Presse schützen, wegen Verstoßes gegen das bundesverfassungsgerichtliche Entscheidungsmonopol verfassungswidrig und daher nichtig.

Derartige Folgerungen werden in der Literatur bisher nur selten gezogen. Außer Hamann[21], nach dem Art. 18 GG ein weitgehendes „Pönalisierungsverbot" enthält, hat lediglich Willms[22] das Institut der Grundrechtsverwirkung als Sperre für Strafgesetze angesehen. Im übrigen beschränkt man sich vielfach darauf, die Verhängung eines Berufsverbots wegen Bekämpfung der freiheitlichen demokratischen Grundordnung als unzulässigen Eingriff in das Entscheidungsmonopol des BVerfG zu erklären[23], während die strafandrohende Norm selbst wegen ihrer Sühnefunktion mit dem präventiven Zwecken dienenden Art. 18 GG vereinbar sein soll[24].

---

[18] §§ 80 I Nr. 1, 81 I, 84 Nr. 1, 90 a StGB.
[19] BGHSt 7, 222 (227) hinsichtlich § 90 a StGB. Zwar weicht die Formulierung des § 80 I Nr. 1 StGB („die auf dem Grundgesetz der Bundesrepublik Deutschland... beruhende verfassungsmäßige Ordnung") von der Fassung der §§ 81 I, 84 Nr. 1, 90 a I StGB („verfassungsmäßige Ordnung") ab, doch besteht kein Zweifel, daß die verfassungsmäßige Ordnung i. S. des § 80 I Nr. 1 StGB jedenfalls die Prinzipien der freiheitlichen demokratischen Grundordnung, wie sie oben in § 3 II 3 dargelegt wurden, mitumfaßt (vgl. dazu Schönke-Schröder, § 80 Erl. II 1).
[20] Vgl. § 16 II 3.
[21] NJW 1962, 1848 f.; Grundgesetz und Strafgesetzgebung S. 38.
[22] NJW 1964, 227; Staatsschutz S. 24 f.
[23] Löffler, NJW 1960, 30 sub 5; Reißmüller, JZ 1960, 533; Stree, Deliktsfolgen und Grundgesetz S. 225 Anm. 30; Gallwas, S. 198 f.; Hönsch, S. 126 f.; Schwenk, NJW 1962, 1323; Maunz-Dürig, Art. 18 Rdnr. 96. Viel zu weitgehend, da ohne jegliche Differenzierung. Copić, JZ 1963, 498. A. A. BGHSt 17, 38 (41 ff.); Dürig, JZ 1952, 516; Jagusch, LM Nr. 3 zu § 42 1 StGB; Scheuner, BayVBl 1963, 67 Anm. 16; Schönke-Schröder, § 42 1 Erl. I; wohl auch Willms, DRiZ 1961, 9.
[24] Vgl. oben § 16 II 2 B.

3. Art. 143 GG a. F.

Die Konkurrenzthese kann indes nicht unbesehen auf das (politische) Strafrecht angewandt werden. Vielmehr bedarf sie auf diesem Gebiet einer erheblichen Korrektur. Wie der BGH[25] zutreffend ausführt, bezweckt Art. 18 GG „keine Einschränkung, sondern eine Erweiterung des geltenden Rechts zum Schutze gegen Angriffe auf die freiheitliche demokratische Ordnung"[26]. Dies ergibt sich daraus, daß das Grundgesetz selbst neben Art. 18 GG zunächst auch strafrechtliche Staatsschutzvorschriften enthielt. Im Jahre 1949 war das gesamte deutsche politische Strafrecht in Art. 143 GG a.F. enthalten, der sich allerdings mit der Regelung des Hochverrats, des hochverräterischen Zwanges gegen den Bundespräsidenten und deren Vorbereitung begnügte. Nach Abs. VI war die Geltungsdauer dieser Verfassungsvorschriften jedoch bis zu einer anderweitigen Regelung durch Bundesgesetz beschränkt. Aus Art. 143 GG a.F. kann somit entnommen werden, daß der Verfassungsgeber von einem Nebeneinander zwischen Grundrechtsverwirkung und strafrechtlichem Staatsschutzrecht ausging und nicht jede Strafbarkeit wegen Bekämpfung der freiheitlichen demokratischen Grundordnung ausschloß. Vielmehr sollte neben der Verwirkung auch die Bestrafung wegen der in Art. 143 GG a.F. genannten Delikte möglich sein. Weiterhin sollten diejenigen Straftatbestände späterer Bundesgesetze, die gemäß 143 VI GG a.F. das Verfassungsstrafrecht ablösten, neben Art. 18 GG treten. Wie deren Inhalt beschaffen sein würde, war dem Verfassungsgeber völlig unklar. Gewißheit bestand lediglich hinsichtlich des bloßen Übergangscharakters des Art. 143 GG a.F.[27] Demgemäß muß angenommen werden, daß in weitem Maße die Verhängung strafrechtlicher Sanktionen unabhängig von einem Grundrechtsverwirkungsverfahren für zulässig erachtet wurde. Insoweit sich aus Art. 143 GG a.F. ein Nebeneinander von Art. 18 GG und politischem Strafrecht ergibt, ist somit für die Sperrwirkung kein Raum.

Fraglich ist jedoch, ob der einfache Strafgesetzgeber bei der Erfüllung des ihm in Art. 143 GG a.F. gestellten Auftrags freie Hand bei der Gestaltung der Straftatbestände hatte. Inhaltliche Beschränkungen waren ihm durch Art. 143 GG a.F. nicht auferlegt. Unter Beachtung der — sonstigen — grundgesetzlichen Ordnung durfte er daher nach freiem Ermessen politische Kampfhandlungen pönalisieren. Allerdings konnte die Parallelität zwischen Staatsschutzstrafrecht und Grundrechtsverwirkung nicht unbegrenzt sein. Würde Art. 18 GG überhaupt kein Hemmnis für das Strafrecht darstellen, wären auf diesem Wege die schwersten

---
[25] BGHSt 17, 38 (42).
[26] Ähnliche Erwägungen bei Copić, JZ 1963, 499; Maunz-Dürig, Art. 18 Rdnr. 91.
[27] Vgl. von Doemming-Füßlein-Matz, JöR NF 1 (1951), 913, 915.

Grundrechtseingriffe wegen Bekämpfung der freiheitlichen demokratischen Grundordnung zulässig, so daß dem bundesverfassungsgerichtlichen Verwirkungsverfahren keine erhebliche Bedeutung mehr zukäme. Deshalb können neben der Grundrechtsverwirkung selbständig und unabhängig nur solche politischen Delikte stehen, die sich auf der Linie der klassischen Hoch- und Landesverratsbestimmungen bewegen, wie sie den Schöpfern der Verfassung vor Augen standen. Allenfalls mögen noch solche Tatbestände von der Sperrwirkung unerfaßt bleiben, die überkommene Staatsschutzvorschriften modernen Erfordernissen anpassen. Dagegen müssen die Staatsgefährdungsdelikte, die das (erste) Strafrechtsänderungsgesetz vom 30. August 1951 (BGBl. I S. 739) geschaffen hat, am Maßstab des Art. 18 GG gemessen werden. Denn diese auf die weltpolitischen Spannungen zurückzuführende „explosive Ausdehnung des politischen Strafrechts"[28] eröffnete dem Staatsschutzrecht den neuen Bereich der Staatsgefährdung, an den die Väter des Grundgesetzes noch nicht denken konnten. Das gleiche gilt für spätere Novellen, die die Perfektionierung des politischen Strafrechts weiter vorangetrieben haben. Sie alle sind nur insoweit uneingeschränkt anwendbar, als sie nicht von der Sperrwirkung des Art. 18 GG ergriffen werden.

Geht man von diesen Grundsätzen aus, so scheiden aus dem Kreis der oben[29] behandelten (Presse-)Vorschriften einige Delikte als von der Sperrwirkung nicht betroffen aus. Es sind dies die §§ 80 I Nr. 1, 2 (Hochverrat), 81 I (Vorbereitung eines hochverräterischen Unternehmens), 84 Nr. 1 (Herstellung usw. hochverräterischer Publikationen) und 100 d I StGB (Aufnahme und Unterhaltung landesverräterischer Beziehungen), die zum überlieferten Arsenal des politischen Strafrechts gehören und außerdem zum Teil schon in Art. 143 GG a.F. enthalten waren. Sie bleiben neben und trotz der Grundrechtsverwirkung bestehen. Kann aber ihretwegen eine Bestrafung erfolgen, so ist im selben Umfang der Ausspruch eines Berufsverbotes nach § 42 l StGB zulässig, weil auch insoweit keine Beeinträchtigung des Entscheidungsmonopols eintritt[30].

4. Nichtigkeit oder Suspension?

Die übrigen erörterten Delikte können dagegen neben Art. 18 GG keinen selbständigen Bestand haben. Sie unterliegen vielmehr, insofern sie den mittels der Presse unternommenen Kampf gegen die freiheitliche demokratische Grundordnung pönalisieren, der Sperrwirkung. Zweifelhaft ist jedoch, ob sie wegen dieses Verstoßes nichtig sind oder

---
[28] Copić, JZ 1963, 499.
[29] Vgl. § 17 III 1.
[30] Vgl. dazu Willms, NJW 1964, 228.

ob sie im Wege verfassungskonformer Auslegung aufrechterhalten werden können. Es wurde bereits dargelegt[31], daß das bundesverfassungsgerichtliche Entscheidungsmonopol nur dann verletzt wird, wenn Grundrechtseingriffe *unter Ausschaltung des BVerfG* von anderen Staatsorganen verhängt werden. Deshalb geschah auch die Nichtigerklärung des § 4 des nrw PresseberufsausübungsG[32] zu Recht. Denn diese Vorschrift ermächtigte die Landesregierung bei Erfüllung des mit Art. 18 S. 1 GG nahezu identischen Tatbestandes zur Verhängung eines Berufsverbots und griff damit der Verwirkungsentscheidung vor. Das administrative Berufsverbot schloß das BVerfG praktisch von der Ahndung des Grundrechtsmißbrauchs aus. Eine verfassungskonforme Auslegung des § 4 derart, daß die Landesregierung ein Berufsverbot erst nach dem bundesverfassungsgerichtlichen Verwirkungsausspruch hätte anordnen können, wäre nicht möglich gewesen. Da das BVerfG nach § 39 I 3 BVerfGG selbst in der Lage ist, den Verfassungsfeind mit der Berufsausübung zu belegen[33], wäre dem § 4 nrw PresseberufsausübungsG die „Geschäftsgrundlage" entzogen worden, wenn ihm eine Entscheidung nach Art. 18 GG vorgeschaltet worden wäre. Die landesrechtliche Verbotsnorm war nur dann von Bedeutung, wenn sie die Landesregierung zu einem selbständigen Grundrechtseingriff ermächtigte; weil sie aber mit einer vorgängigen Entscheidung des BVerfG nicht vereinbar war, verstieß sie gegen die Verfassung.

Anders steht es dagegen mit den der Sperrwirkung unterliegenden politischen Straftatbeständen. Bei ihnen ist es nicht notwendig, daß sie unabhängig vom Spruch des BVerfG in völliger Selbständigkeit von den Strafgerichten angewandt werden. Die Verhängung von Strafen bleibt auch dann noch sinnvoll, wenn zuvor eine Verwirkungsentscheidung des BVerfG gefällt werden muß. Der Unterschied gegenüber § 4 nrw PresseberufsausübungsG liegt darin, daß im Verwirkungsverfahren vor dem BVerfG keine Bestrafung erfolgen kann. Die Tätigkeit der Strafgerichte wird also nicht dadurch überflüssig, daß ihrem Einschreiten ein bundesverfassungsgerichtlicher Prozeß vorgelagert wird. Die Normen des politischen Strafrechts schalten demnach das BVerfG nicht aus, sondern sind mit dem Entscheidungsmonopol verträglich, wenn sie nur der Grundrechtsverwirkung den zeitlichen Vortritt lassen. Die Sperrwirkung führt somit nicht zur Beseitigung der genannten Vorschriften. Sie beschränkt lediglich deren Wirksamkeit, indem sie ihre Anwendung von einer vorherigen Verwirkungsentscheidung abhängig macht. Demgemäß sind die der Sperrwirkung unterliegenden Normen des politischen Strafrechts nicht wegen einer Verfassungsverletzung

---

[31] Vgl. § 16 II 2 A, 3.
[32] BVerfGE 10, 118. Vgl. auch oben § 14 I.
[33] Vgl. oben § 5 III 2.

§ 17: Die Sperrwirkung des Art. 18 GG auf das Strafrecht 125

nichtig, sondern lediglich in ihrer Geltung gehemmt. Ihre Anwendbarkeit wird bis zum Spruch des BVerfG suspendiert. Bei der Verwirkungsentscheidung handelt es sich demnach um eine ungeschriebene Prozeßvoraussetzung, deren Eintritt die Strafjustiz abwarten muß.

Diesem Ergebnis steht auch nicht die Entscheidung des BVerfG[34] im Wege, durch die § 90a StGB teilweise für nichtig erklärt wurde. In ihr hatte das BVerfG die Verfassungsmäßigkeit des § 90a StGB zu prüfen, der die Beteiligung an verfassungsverräterischen Vereinigungen unter Strafe stellt. Handelte es sich um eine verfassungsverräterische Partei, ließ § 90a III StGB die strafrechtliche Verfolgung jedoch erst dann zu, wenn das BVerfG deren Verfassungswidrigkeit festgestellt hatte. Diese Prozeßvoraussetzung hielt das BfVerG mit dem Parteienprivileg des Art. 21 II GG für unvereinbar, weil bis zu seinem Verbotsurteil die Tätigkeit eines Parteianhängers rechtmäßig sei. Im Falle des Art. 18 GG ist für solche Erwägungen indes kein Raum, denn, wie bereits ausgeführt[35], handelt jedenfalls der individuelle Verfassungsfeind, der außerhalb des Verbandes einer Partei die freiheitliche demokratische Grundordnung bekämpft, auch schon vor dem Verwirkungsanspruch rechtswidrig. Seine Bestrafung, die allerdings zunächst durch eine Prozeßvoraussetzung gehemmt ist, wird somit nicht durch die Verfassung ausgeschlossen. Die der Sperrwirkung unterfallenden §§ 90a (Beteiligung an verfassungsverräterischen Vereinigungen), 91 (verfassungsverräterische Zersetzung), 92 (verfassungsverräterische nachrichtendienstliche Tätigkeit), 93 (Herstellung usw. verfassungsverräterischer Publikationen), 94 (Strafschärfung bei verfassungsverräterischer Absicht), 95 III (verfassungsverräterischer Verunglimpfung des Bundespräsidenten), 96 III (verfassungsverräterische Verunglimpfung des Staates und seiner Symbole), 96a III (verfassungsverräterische Benutzung von Kennzeichen verbotener Vereinigungen), 97 (verfassungsverräterischer Verunglimpfung von Verfassungsorganen), 100 d II (Unterhaltung qualifizierter landesverräterischer Beziehungen) und 100 d III StGB (Aufstellung und Verbreitung landesverräterischer Behauptungen) sind also bis zur Grundrechtsaberkennung durch das BVerfG in ihrer Wirksamkeit insoweit gehemmt, als sie sich gegen die Bekämpfung der freiheitlichen demokratischen Grundordnung mit den Mitteln der Presse richten[36].

Für den Strafrichter ergibt sich daraus folgende Rechtslage: Vor der bundesverfassungsgerichtlichen Verwirkungsentscheidung darf er die

---

[34] BVerfGE 12, 296.
[35] Vgl. oben § 16 II 4.
[36] Soweit diese Tatbestände dagegen andere Rechtsgüter als die freiheitliche demokratische Grundordnung schützen, gelten sie ohne Einschränkung. So ist z. B. die Gründung einer Vereinigung, die sich gegen den Gedanken der Völkerverständigung richtet (§ 90 a StGB), unabhängig vom Grundrechtsverwirkungsverfahren verfolgbar. Dasselbe gilt von § 95 III StGB, wenn er in der Form der Verleumdung verwirklicht wird.

genannten Strafgesetze auf den mit den Waffen der Presse kämpfenden Verfassungsfeind nicht anwenden. Da eine Bestrafung aus diesen Vorschriften nicht erfolgen kann, ist im gleichen Umfange die Verhängung eines strafrechtlichen Berufsverbots nach § 42 l StGB unzulässig. Erst nach dem Ausspruch der Grundrechtsverwirkung ändert sich das Bild. Sobald der Verfassungsfeind das Grundrecht der Pressefreiheit verwirkt hat, ist er dem Zugriff staatlicher Strafgewalt ausgesetzt. Der gerichtlichen Bestrafung wegen begangener Pressedelikte steht kein prozessuales Hindernis mehr entgegen. Da der Strafrichter nach dem Spruch des BVerfG tätig wird, ist dessen Entscheidungsmonopol gewahrt. Die zu verhängende Strafe kann nicht nur auf das Verhalten des Täters vor der Verwirkungsentscheidung gestützt werden. Vielmehr unterliegen auch diejenigen strafbaren Handlungen, die nach der Aberkennung der Pressefreiheit begangen werden, ohne weiteres strafrichterlicher Ahndung, weil nunmehr eine Verletzung des Entscheidungsmonopols nicht mehr zu befürchten ist. Denn wenn jemandem die Pressefreiheit aberkannt wird, ist der Grund für die Sperrwirkung weggefallen, da dann eine Umgehung des bereits tätig gewordenen BVerfG ausgeschlossen ist.

Obwohl nach der Grundrechtsverwirkung der Bestrafung kein Hindernis mehr entgegensteht, gilt doch für die Anwendung des § 42 l StGB eine Besonderheit: An sich wird mit der Zulässigkeit der Bestrafung auch die Verhängung eines Berufsverbots möglich. Indes hat das BVerfG im Verwirkungsverfahren nach § 39 I 3 BVerfGG selbst das Recht, ein (Presse-)Berufsverbot auszusprechen[37]. Macht es von dieser Befugnis Gebrauch, wäre ein zweites — strafrichterliches — Verbot im allgemeinen wenig zweckmäßig. Daher empfiehlt sich die entsprechende Anwendung des § 35 III 1 GewO, wonach die Verwaltungsbehörde gehindert ist, die Untersagung der Berufsausübung auf Grund eines Sachverhalts anzuordnen, wegen dessen bereits ein Strafgericht ein Berufsverbot verhängt hat. Demgemäß ist dem Strafgericht die Anwendung des § 42 l StGB verwehrt, wenn das BVerfG ihm zuvorgekommen ist.

Andererseits ist es auch denkbar, daß das BVerfG bei Aberkennung der Pressefreiheit davon absieht, dem Verfassungsfeind die weitere Pressetätigkeit zu verbieten, weil es eine solche Maßnahme nicht für erforderlich hält. Um dem Strafgericht die Möglichkeit zu nehmen, gegen den Willen des BVerfG eine derartige Entscheidung zu treffen, erscheint es angebracht, den in § 35 III 2 GewO, § 4 III 1 Straßenverkehrsgesetz[38] enthaltenen Gedanken auch im Verhältnis des Strafpro-

---

[37] Vgl. oben § 5 III 2.
[38] Vgl. auch § 118 II Bundesrechtsanwaltsordnung, § 13 II Bundesdisziplinarordnung, § 62 II Wehrdisziplinarordnung, die auf einem ähnlichen Rechtsgedanken beruhen.

zesses zum Grundrechtsverwirkungsverfahren anzuwenden. Nach diesen Vorschriften darf die Verwaltung bestimmte Maßnahmen (Untersagung der Gewerbeausübung, Entziehung der Fahrerlaubnis) nicht erlassen, wenn zuvor ein Strafgericht von ihrer Verhängung Abstand genommen hat, weil die Voraussetzungen für sie nicht gegeben waren. Dementsprechend ist auch der Strafrichter an die Entscheidung des BVerfG gebunden, wenn es die Verhängung eines Berufsverbots unterlassen hat.

Literaturverzeichnis

Anschütz: Die Verfassung des deutschen Reichs vom 11. August 1919, 14. A., 1933 (zitiert: Anschütz).

Bachof: Reflexwirkungen und subjektive Rechte im öffentlichen Recht, in: Forschungen und Berichte aus dem öffentlichen Recht, Gedächtnisschrift für Walter Jellinek, 1955, S. 287 (zitiert: Bachof, Jellinek-Gedächtnisschrift).

Bericht über den Verfassungskonvent auf Herrenchiemsee vom 10. bis. 23. August 1948, o. J. (zitiert: Herrenchiemsee-Bericht).

Bühler: Zur Theorie des subjektiven öffentlichen Rechts, in: Festgabe für Fritz Fleiner, 1927, S. 26 (zitiert: Bühler, Fleiner-Festgabe).

Copić: Berufsverbot und Pressefreiheit, JZ 1963, 494.

Dagtoglou: Wesen und Grenzen der Pressefreiheit, 1963 (zitiert: Dagtoglou, Pressefreiheit).

Dalcke-Fuhrmann-Schäfer: Strafrecht und Strafverfahren, 37. A., 1961 (zitiert: Dalcke-Fuhrmann-Schäfer).

von *Doemming-Füßlein-Matz:* Entstehungsgeschichte der Artikel des Grundgesetzes, JöR NF 1 (1951).

Drews-Wacke: Allgemeines Polizeirecht — Ordnungsrecht — der Länder und des Bundes, 7. A., 1961 (zitiert: Drews-Wacke, Allgemeines Polizeirecht).

Dürig: Die Verwirkung von Grundrechten nach Art. 18 des Grundgesetzes, JZ 1952, 513.

Ebner: Das deutsche Pressrecht enthaltend die reichs- und landesgesetzlichen Vorschriften über das Presswesen mit Erläuterungen, 1909 (zitiert: Ebner, Pressrecht).

Echterhölter: Zur Problematik des Art. 18 GG, JZ 1953, 656.

Enneccerus-Lehmann: Recht der Schuldverhältnisse, 15. A., 1958 (zitiert: Enneccerus-Lehmann).

Enneccerus-Nipperdey: Allgemeiner Teil des bürgerlichen Rechts, 1. Bd., 2. Halbbd., 15. A., 1959 (zitiert: Enneccerus-Nipperdey).

Erman: Handkommentar zum bürgerlichen Gesetzbuch, 1. Bd., 3. A., 1962; 2. Bd., 3. A., 1962 (zitiert: Erman-Bearbeiter).

Forsthoff: Lehrbuch des Verwaltungsrechts, 1. Bd., Allgemeiner Teil, 8. A., 1961.

Friesenhahn: Die Verfassungsgerichtsbarkeit in der Bundesrepublik Deutschland, 1963 (zitiert: Friesenhahn, Verfassungsgerichtsbarkeit).

— Über Begriff und Arten der Rechtsprechung, Festschrift für Richard Thoma, 1950, S. 21 (zitiert: Friesenhahn, Thoma-Festschrift).

Füchtenbusch: Die Möglichkeiten polizeilichen Handelns im Rahmen von Art. 5 Abs. 1 und 2 des Grundgesetzes, Diss. Münster 1961 (zitiert: Füchtenbusch).

Füßlein: Versammlungsgesetz, 1954.

Gallwas: Der Mißbrauch von Grundrechten, Diss. München 1961 (zitiert: Gallwas).

Geiger: Gesetz über das Bundesverfassungsgericht vom 12. März 1951, Kommentar, 1952 (zitiert: Geiger, BVerfGG).

Giese: Die Grundrechte, 1905.

Giese-Schunck: Grundgesetz für die Bundesrepublik Deutschland, 5. A., 1960 (zitiert: Giese-Schunck).

Grewe: Die politischen Treupflichten der Angehörigen des öffentlichen Dienstes, in: Politische Treupflicht im öffentlichen Dienst, hrsg. vom Deutschen Bund für Bürgerrechte, 1951, S. 35 (zitiert: Grewe, Politische Treupflicht).

Grundrechte: Die Grundrechte, Handbuch der Theorie und Praxis der Grundrechte, Bd. II hrsg. v. Neumann, Nipperdey und Scheuner, 1954; Bd. III hrsg. v. Bettermann, Nipperdey und Scheuner, 1. Halbbd. 1958, 2. Halbbd. 1959.

Häntzschel: Das deutsche Preßrecht, 1928 (zitiert: Häntzschel, Preßrecht).

— Reichspreßgesetz und die übrigen presserechtlichen Vorschriften des Reichs und der Länder, 1927 (zitiert: Häntzschel, Reichspreßgesetz).

Hamann: Das Grundgesetz für die Bundesrepublik Deutschland vom 23. Mai 1949, 2. A., 1960 (zitiert: Hamann).

— Der „Staatsschutz" im Strafgesetzentwurf und das Grundgesetz, NJW 1962, 1845.

— Grundgesetz und Strafgesetzgebung, 1963.

Handbuch des deutschen Staatsrechts, hrsg. v. Anschütz und Thoma, Bd. I 1930; Bd. II 1932.

Hartmann: Der Verwirkungsbegriff in Art. 18 GG, Diss. Münster 1960 (zitiert: Hartmann).

Hlawaty: Die Verwirkbarkeit von Grundrechten nach Art. 18 des Bonner Grundgesetzes, Diss. München 1953 (zitiert: Hlawaty).

Hönsch: Die Verwirkung von Grundrechten nach Art. 18 GG und das Monopol des Bundesverfassungsgerichts aus Art. 18 GG, Diss. Hamburg 1962 (zitiert: Hönsch).

Jagusch-Mezger-Schaefer-Werner: Strafgesetzbuch (Leipziger Kommentar), 1. Bd., 8. A., 1957 (zitiert: Bearbeiter LK).

Jahrreiss: Demokratie. Selbstbewußtsein — Selbstgefährdung — Selbstschutz, in: Festschrift für Richard Thoma, 1950, S. 71 (zitiert: Jahrreiss, Thoma-Festschrift).

Jellinek, Walter: Verwaltungsrecht, 3. A., 1948.

Karakantas: Die Verwirkung, 1938 (zitiert: Karakantas, Verwirkung).

Kelsen: Reine Rechtslehre, 2. A., 1960.

Kessler: Die Grundrechtsverwirkung des Artikels 18 GG, Diss. Mainz 1953 (zitiert: Kessler).

Kind: Die Verwirkung von Grundrechten und die weiteren Rechtsfolgen eines Mißbrauchs von Grundrechten im Sinne des Art. 18 des Grundgesetzes, Diss. Marburg 1954 (zitiert: Kind).

Kitzinger: Das Reichsgesetz über die Presse vom 7. Mai 1874, 1920 (zitiert: Kitzinger, Reichspressegesetz).

Klemmer: Die Verwirkung von Grundrechten (Artikel 18 des Grundgesetzes), Diss. Bonn 1954 (zitiert: Klemmer).

Kohlrausch-Lange: Strafgesetzbuch, 43. A., 1961 (zitiert: Kohlrausch-Lange).

Kommentar zum Bonner Grundgesetz (Bonner Kommentar), hrsg. von Dennewitz u. a., 1950 ff. (zitiert: Bearbeiter BK).

Krüger, Herbert: Mißbrauch und Verwirkung von Grundrechten, DVBl. 1953, 97.
Lechner: Bundesverfassungsgerichtsgesetz, 1954 (zitiert: Lechner, BVerfGG).
Lehmann, Heinrich: Allgemeiner Teil des bürgerlichen Gesetzbuches, 12. A., 1960 (zitiert: Heinrich Lehmann, Allgemeiner Teil).
Leibholz: Der Begriff der freiheitlichen demokratischen Grundordnung, DVBl. 1951, 554.
Lerche: Übermaß und Verfassungsrecht, 1961 (zitiert: Lerche, Übermaß).
Löffler: Anmerkung zu BVerfGE 10, 118, NJW 1960, 29.
— Presserecht, 1955.
von *Mangoldt:* Das Bonner Grundgesetz, 1953 (zitiert: von Mangoldt).
von *Mangoldt-Klein:* Das Bonner Grundgesetz, 2. A., 1957 (zitiert: von Mangoldt-Klein).
Mannheim: Pressrecht, 1927.
Maunz: Deutsches Staatsrecht, 12. A., 1963.
Maunz-Dürig: Grundgesetz, Kommentar, 1959 ff. (zitiert: Maunz-Dürig).
Maurach: Deutsches Strafrecht, Allgemeiner Teil, 2. A., 1958 (zitiert: Maurach, Allgemeiner Teil).
Oertmann: Bürgerliches Gesetzbuch, Erstes Buch, Allgemeiner Teil, 2. A., 1908 (zitiert: Oertmann, Allgemeiner Teil).
Palandt: Bürgerliches Gesetzbuch, 22. A., 1963 (zitiert: Palandt-Bearbeiter).
Peters, Hans: Lehrbuch der Verwaltung, 1949.
Planck: Kommentar zum bürgerlichen Gesetzbuch nebst Einführungsgesetz, I. Bd., 4. A., 1913; II. Bd., 1. Hälfte, 4. A., 1914; IV. Bd., 3. A., 1906 (zitiert: Planck-Bearbeiter).
Rehbinder: Grenzen der Meinungs- und Pressefreiheit, NJW 1962, 2140.
Reichsgerichtsrätekommentar: Das bürgerliche Gesetzbuch, Kommentar hrsg. v. Reichsgerichtsräten (und Bundesrichtern), IV. Bd., 9. A., 1940; I. Bd., 11. A., 1960 (zitiert: Bearbeiter RGRK).
Reisnecker: Das Grundrecht der Meinungsfreiheit und die Schranken der allgemeinen Gesetze im Sinne des Art. 5 Abs. II GG, Diss. München 1960 (zitiert: Reisnecker).
Reißmüller: Das Monopol des Bundesverfassungsgerichts aus Art. 18 des Grundgesetzes, JZ 1960, 529.
Ridder: Meinungsfreiheit, in: Neumann-Nipperdey-Scheuner, Die Grundrechte, 2. Bd., 1954, S. 243 (zitiert: Ridder, Grundrechte II).
— „Sühnegedanke", Grundgesetz, „verfassungsmäßige Ordnung" und Verfassungsordnung der Bundesrepublik Deutschland, DÖV 1963, 321.
— Zur verfassungsrechtlichen Stellung der Gewerkschaften im Sozialstaat nach dem Grundgesetz für die Bundesrepublik Deutschland, 1960 (zitiert: Ridder, Gewerkschaften).
Schäfer-Wagner-Schafheutle: Gesetz gegen gefährliche Gewohnheitsverbrecher und über Maßregeln der Sicherung und Besserung, 1934 (zitiert: Schäfer-Wagner-Schafheutle).
Scheuner: Der Verfassungsschutz im Bonner Grundgesetz, in: Um Recht und Gerechtigkeit, Festgabe für Erich Kaufmann, 1950, S. 313 (zitiert: Scheuner, Kaufmann-Festgabe).
— Gegenstand und Träger des Verfassungsschutzes, BayVBl. 1963, 65.

— Grundfragen des modernen Staates, in: Recht — Staat — Wirtschaft, 3. Bd., 1951, S. 126 (zitiert: Scheuner, Recht — Staat — Wirtschaft III).
— Politische Betätigung von Beamten gegen die freiheitliche demokratische Grundordnung, in: Politische Treupflicht im öffentlichen Dienst, hrsg. vom Deutschen Bund für Bürgerrechte, 1951, S. 65 (zitiert: Scheuner, Politische Treupflicht).
Schmitz: Die Verfassungsschutzbestimmung des Artikels 18 des Bonner Grundgesetzes, Diss. Köln 1961 (zitiert: Schmitz).
Schönke-Schröder: Strafgesetzbuch, 11. A., 1963 (zitiert: Schönke-Schröder).
Schwarz-Dreher: Strafgesetzbuch, 25. A., 1963 (zitiert: Schwarz-Dreher).
Schwenk: Umfang und Wirkung der Meinungs- und Pressefreiheit, NJW 1962, 1321.
Siebert: Verwirkung und Unzulässigkeit der Rechtsausübung, 1934 (zitiert: Siebert, Verwirkung).
— Vom Wesen des Rechtsmißbrauchs, in: Grundfragen der neuen Rechtswissenschaft, hrsg. v. Dahm u. a., 1935, S. 189.
Soergel-Siebert: Bürgerliches Gesetzbuch, 1. Bd., 9. A., 1959, 4. Bd., 9. A., 1963 (zitiert: Soergel-Siebert-Bearbeiter).
Staudinger-Weber: Kommentar zum bürgerlichen Gesetzbuch, 2. Bd., 11. A., 1961 (zitiert: Staudinger-Weber).
Stoerk-Rauchhaupt: Handbuch der deutschen Verfassungen, 2. A., 1913 (zitiert: Stoerk-Rauchhaupt).
Stree: Deliktsfolgen und Grundgesetz, 1960.
Thoma: Grundrechte und Polizeigewalt, in: Verwaltungsrechtliche Abhandlungen, Festgabe zur Feier des fünfzigjährigen Bestehens des Preußischen Oberverwaltungsgerichts, 1925, S. 183 (zitiert: Thoma, Grundrechte und Polizeigewalt).
Trubel-Hainka: Das Versammlungsrecht, 1953 (zitiert: Trubel-Hainka, Versammlungsrecht).
von *Tuhr:* Der Allgemeine Teil des deutschen bürgerlichen Rechts, 1. Bd., 1910, 2. Bd., 2. Hälfte, 1918 (zitiert: von Tuhr, Allgemeiner Teil I, II 2).
von *Turegg-Kraus:* Lehrbuch des Verwaltungsrechts, 4. A., 1962.
Wagner: Die Verwirkung der Wählbarkeit, Diss. Mainz 1956 (zitiert: Wagner).
von *Weber:* Der Schutz des Staates, Welche strafrechtlichen Normen empfehlen sich zum Schutz des Staates?, Verhandlungen des 38. Deutschen Juristentages, 1951 E 2 ff. (zitiert: von Weber, 38. DJT).
Wegener: Die neuen deutschen Verfassungen, 1947 (zitiert: Wegener).
Willms: Art. 18 GG und der strafrechtliche Staatsschutz, NJW 1964, 225.
— Staatsschutz im Geiste der Verfassung, 1962 (zitiert: Willms, Staatsschutz).
Wolff, Hans J.: Verwaltungsrecht I, 5. A., 1963.
Zink: Das Asylrecht in der Bundesrepublik Deutschland nach dem Abkommen vom 28. Juli 1951 über die Rechtsstellung der Flüchtlinge unter besonderer Berücksichtigung der Rechtsprechung der Verwaltungsgerichte, Diss. Erlangen 1962 (zitiert: Zink, Asylrecht).
Zinn-Stein: Die Verfassung des Landes Hessen, Kommentar, 1954 (zitiert: Zinn-Stein).

Printed by Libri Plureos GmbH
in Hamburg, Germany